Hallo, ich bin Jude!

Eine aktuelle Textsammlung zu kontroversen jüdisch-israelischen Themen von **Michael Wolffsohn**

Hallo, ich bin Jude!

Eine aktuelle Textsammlung zu kontroversen jüdisch-israelischen Themen
herausgegeben von **Michael Wolffsohn**

für die
Deutsche Akademie für Kinder- und Jugendliteratur e. V.
in Kooperation mit dem **Sankt Michaelsbund**

Inhalt

Zum Geleit

Liebe Leserin,
lieber Leser,

die jüdische Geschichte, gerade die deutsch-jüdische Geschichte, ist eine, die immer wieder von Ausgrenzung, Diskriminierung und Liquidierung geprägt ist. Auch heute halten sich antisemitische Stereotype und Vorurteile in den Köpfen vieler Menschen, auch heute müssen Jüdinnen und Juden antisemitische Anfeindungen und teils auch Gewalttaten gegen sich erdulden.

Antisemitismus hat viele Gesichter: Neben die historisch dominante Form des politisch rechten Antisemitismus tritt Judenfeindschaft aus politisch linker und islamistischer Richtung, wie es seit den Terrorakten der Hamas vom 7. Oktober 2023 auch einer breiteren Öffentlichkeit offenbar wurde. Diese Formen des Antisemitismus sind oft mit einer als Israelkritik getarnten radikalen Negierung des Existenzrechts des Jüdischen Staates verbunden.

Deutlich wird, wie verschiedene Bezugsfelder – historische, geographische, religiöse und politische – sich vermengen und eine komplexe Themenlage ergeben, in die sich allzu oft Falschbehauptungen oder Halbwahrheiten mischen. Es tut daher Not, Aufklärung zu schaffen. Denn auch wenn Bildung leider kein Allheilmittel gegen Antisemitismus ist, so ist doch die Kenntnis der historischen und zeitgeschichtlichen Zusammenhänge sowie ein Verständnis für Geschichte und Identität des Judentums die Voraussetzung für ein vorurteilsfreies Zusammenleben von Juden und Nicht-Juden.

Die vorliegende Band versteht sich nicht als durchgängige Monographie, sondern als Textsammlung einzelner Beiträge zu den Themenkomplexen Judentum, Antisemitismus, Israel und Deutschland, Erinnerungskultur und Friedenslösungen. Er möchte für die Lernorte Schule, Bücherei und Volkshochschule eine Auswahl an Texten zur Arbeit mit jüngeren und älteren Leserinnen und Lesern bereitstellen.

Verfasser der Texte ist der renommierte deutsch-jüdische Historiker Prof. Dr. Michael Wolffsohn; die Texte entstammen seinen Büchern, sind als (Gast-)Beiträge in verschiedenen Zeitungen erschienen oder wurden als öffentliche Reden vorgetragen. Im Herbst 2024 erhält Michael Wolffsohn für seine Verdienste in der Geschichtsvermittlung den Großen Preis der Deutschen Akademie für Kinder- und Jugendliteratur.

Unser Dank gilt dem Autor sowie den beteiligten (Zeitungs-)Verlagen für die Ermöglichung dieses Bandes. Unser Dank gilt ebenso Dr. Jana Mikota und Dr. Patrick Oelze für die konstruktive Mithilfe im Vorfeld.

Wir wünschen Ihnen viel Freude beim Lesen und einen fruchtbaren Austausch vor Ort!

Ihre

Dr. Claudia Maria Pecher,
Prof.'in Dr. Gabriele von Glasenapp
und Maximilian Mihatsch

Liebe Leserin, lieber Leser,

Bücher über das Judentum füllen Bibliotheken. Also wozu noch ein solches Buch?

Damit vor allem Jugendliche einen gegenwartsbezogenen Eindruck von Juden, Judentum, Israel und der jüdischen Diaspora bekommen. Und dabei auch ein bisschen Geschichte lernen.

Das alles ohne Schaum vor dem Mund, ohne Klischees oder inakzeptable Verallgemeinerungen, Information statt Agitation und der Versuch, beiden Seiten gerecht zu werden.

Ich würde mich freuen, wenn mir das gelungen sein sollte, liebe Leserinnen und Leser,

Ihr

Michael Wolffsohn
Im Januar 2024

Über Juden, Judentum und Israel wird mehr geredet und geschrieben als gewusst. Deshalb einige grundsätzliche Klärungen. Dann weiß jeder, wovon die Rede ist, und fragt nicht: „He, wovon redet der denn?"

I. Judentum

Das Judentum ist eine Religion. Klar. Das Judentum ist zugleich auch die Gemeinschaft der Juden. Längst sind nicht mehr alle Juden religiös. Sie sagen deshalb: „Ich bin Jude, aber die jüdische Religion ist mir als Religion egal." In der christlichen Welt ist das nicht anders.

Die Gemeinschaft der Juden nennt sich seit jeher auch „Volk Israel". Seit 70 n. Chr. war das Jüdische Volk ein Volk ohne Staat, denn damals wurde der Staat Judäa von der Weltmacht des Römischen Reiches zerstört. Seit 1948 hat dieses Volk wieder einen Staat: Israel.

Gestritten wird darüber: Konnten, durften Juden nach zweitausend Jahren mir nix, dir nix einfach wieder zurück? Gehörte das Gebiet inzwischen nicht den dort lebenden Palästinensern? Verzwickte Fragen, schwierige Antworten, die man nicht einfach mit ja oder nein beantworten kann. Eine Gegenfrage wäre zu stellen: Wohin sollen denn Juden gehen, wenn sie wirklich sicher sein wollen vor innenpolitischen Verfolgungen durch die nichtjüdische Mehrheit in den jeweiligen Staaten? Nicht einmal in Deutschland, Frankreich, Großbritannien, den USA sind sie heute sicher. Fragen über Fragen. Schwarz oder weiß, weiß jeder. Aber jeder, der schwarz-weiß weiß, weiß eigentlich nichts.

1. "Die" Juden: Namen und Benennungen

Nicht „Juden“, sondern „Söhne Israels“ oder, inhaltlich-grammatikalisch Männliches und Weibliches vereinend, „Volk Israel“ („Am Israel“). Das ist die ursprüngliche Selbst-Bezeichnung der Juden. „Juden“ – das ergab sich erst im Laufe der Geschichte – nämlich nach der Spaltung des von den biblischen Königen Saul, David und Salomon vereinigten Königsreiches in zwei Monarchien. „Israel“, das Königreich der zehn, nach Stammvater Jakobs Söhnen benannten, jüdischen Stämme, bestand seit 721 v. Chr. nicht mehr. Die damalige Weltmacht Assyrien hatte den größeren der beiden jüdischen Mini-Staaten besiegt, zerstört und einen Großteil der jüdischen Bevölkerung ins mesopotamische Exil verschleppt. Danach existierte nur noch das Königreich Judäa. Es bestand aus den Stämmen Judas und Benjamin, ebenfalls nach den Söhnen Jakobs benannt. Seine Einwohner waren „Jehudim“ (Judäer bzw. Juden). Sobald es ab 721 v. Chr. keinen Staat „Israel“ mehr gab, waren alle, die in Judäa oder woanders als Nachfahren der zehn Stämme bzw. der zehn Söhne Jakobs / „Israels“ lebten und ihren EINEN Gott sowie die „Thora“ (5 Bücher Moses) als „Gottes Wort“ verehrten, „Juden“. Auch diejenigen, die im religiösen Sinne Juden wurden. Auch das gab es in der Antike häufig, wenngleich oft zu hören ist: „Juden betrieben und betreiben keine Missionierung.“ Bis zum frühen 3. Jahrhundert ist diese Aussage falsch. Dann erließ der Römische Kaiser Konstantin ein Missionierungsverbot für Juden. Seitdem stand nichtjüdische Macht gegen jüdische Ohn-macht, die ihrerseits in der folgenden jüdischen Tradition rationalisiert, quasi kanonisiert und überhöht wurde, indem Konversionswillige (in der jüdischen Orthodoxie noch heute) durch hohe, exklusive Beitrittshindernisse sozusagen abgeschreckt werden sollen.

Ohn-macht als Exklusivität

Dieser Kunstgriff verwandelte ideologisch-theologisch die eigene Ohnmacht zu Exklusivität. So wurde die bittere Pille eigene Schwäche versüßt. Das seit Mitte des 19. Jahrhunderts bestehende Liberale Judentum hat die Beitrittshürden weitgehend liberalisiert bzw. aufgehoben. Unabhängig von jeglicher Bewertung hebt diese Praxis den Volkscharakter bzw. die Abstammungsgemeinschaft der Juden auf. Das Judentum wird so von einer (für deutsche Ohren unerträglich) „Volksgemeinschaft" zur Religionsgemeinschaft, also Konfession. Soweit die rein formale Sichtweise.

Unerhört? Josefs und Moses Söhne waren keine Juden

Da Wirklichkeit meistens dynamisch ist, kann keineswegs aus der Konfessionalisierung des Judentums eine spätere, modifizierte und dauerhafte abstammungsbezogene „Eingemeindung" ausgeschlossen werden. Auch dieses Faktum um- und beschreibt die Hebräische Bibel durch eine Geschichte. Im Buch „Ruth" ist sie zu finden. Ruth ist darin eine Nichtjüdin, die das Schicksal ihrer jüdischen Schwiegermutter teilt, einen Juden heiratet und damit Großmutter von König David wird. Aus seinem „Haus" komme der Messias, besagt die jüdische (und christliche) Tradition. Die beschriebene Liberalisierung der Judaisierung im Liberalen Judentum entspricht, trotz orthodoxer Verneinung also durchaus dem biblischen Geist. Gleiches gilt für beide nichtjüdischen Ehefrauen Moses´. Die eine Midjaniterin, die andere „Kuschit" (früher: Region Nord-Sudan, wörtlich heute Äthiopierin oder, ja, „Negerin", denn es heißt nicht „schechora", also „Schwarze"). Das Reich „Kusch" existierte zwischen 700 und 300 v. Chr. südlich von Ägypten, also genau in der Zeit, zu der der größte Teil der Hebräischen Bibel schriftlich fixiert wurde, nämlich zwischen 500 und 300 v. Chr. Kusch war sozusagen die Brücke zwischen der Kultur und Religion Ägyptens im Norden und der ostafrikanisch-nordsudanesischen südlich Ägyptens. Diese geografisch-kulturell-religiöse „Mischung" kennzeichnet die Hebräische Bibel ganz und damit die jüdische Frühgeschichte ganz allgemein. Wer die Bibel so liest, versteht, dass hier ganz offen auf religiöses Monopol und damit auch auf Auserwähltheit oder Überlegenheit gegenüber anderen Völkern verzichtet wird – allen gegenteiligen Formulierungen bzw. Ansprüchen von jüdischer Auserwähltheit zum Trotz. Vorsichtiger formuliert und später auszuführen: Zwei Dimensionen kennzeichnen das Judentum: die partikularistisch-monopolistische einerseits sowie die universalistisch-pluralistische andererseits. Zurück zu Moses.

In der jüdischen Tradition ist Moses nicht irgendwer, sondern „der“ Prophet und (wieder so ein Schreckenswort) „Führer“ schlechthin. Verwiesen sei auch auf Osnat, die ägyptische Gattin von Jakobs Lieblingssohn Josef.

Daraus folgt (ketzerisch?): Sowohl die beiden Söhne von Josef (Efrajim und Menasse) als auch Gerschom und Elieser, die zwei Söhne des Mythos Moses, waren halachisch (= dem jüdischen Religionsgesetz gemäß) keine Juden. Die Halacha bestimmt nämlich: Jude ist, wessen Mutter Jüdin ist.

Ist die Hebräische Bibel etwa ketzerisch?

Das hört sich ketzerisch an, ist es aber nicht wirklich, denn die Halacha (das jüdische Religionsgesetz) wurde erst lange nach der Festlegung des alttestamentlichen Textes fixiert.

Rabbiner stellten die Bibel auf den Kopf

Was nun? Was gilt? Wir stoßen auf ein Kennzeichen vieler Religionen, nicht nur des Judentums. Viele scheinbar eindeutige, unumstößliche Bestimmungen sind oft mehrdeutig und alles andere als unumstößlich. So wurden biblische Bestimmungen oder Aussagen von den späteren Rabbinern scheinbar mir nichts, dir nichts oft vom Kopf auf die Füße gestellt oder umgekehrt.

Abstammungs- und "Volksgemeinschaft"

Daraus folgt: Das Judentum war und ist sowohl eine Abstammungs- beziehungsweise (Entschuldigung) „Volksgemeinschaft“ als auch Konfession. Nebenbei: Auch Sprache ist mehrschichtig. Das dokumentieren die hier entschuldigend gebrauchten, zur treffenden Beschreibung nahezu unvermeidlichen, doch ns-vergifteten Begriffe wie „Führer" oder „Volksgemeinschaft".

Leumund Judas?

Judas wäre, aus biblisch ideologischen Gründen, wohl nicht die erste Wahl für die Gesamtheit der Gemeinschaft gewesen, denn in der Hebräischen Bibel („Altes Testament") ist Judas nicht gerade bestens beleumundet. Man lese dazu in Genesis, Kapitel 38. Judas war der vierte Sohn von Stammvater Jakob, und seine Mutter Lea war, im Vergleich zu Stammmutter Rachel, die von Jakob weniger geliebte zweite Hauptfrau. Trotzdem atmete Lea auf: „Ich will dem Herren danken". Aus den hebräischen „Wurzelbuchstaben" für Gott sowie Dank entstand der Name „Judas".

Eine im Namen der Gemeinschaft enthaltene, zugleich ähnliche und abgrenzende Gedankenbrücke finden wir auch im Christentum. Sie führt ebenfalls zu Gott. Aber – anders – nicht zu Gottvater, sondern zum Sohn. Diese beiden sind im Christentum Teil der einheitlichen Dreiheit aus Vater, Sohn und Heiligem Geist („Trinität" bzw. „Heilige Dreieinigkeit"). Ähnlichkeiten zwischen und Abgrenzungen von Judentum und Christentum werden wir häufiger begegnen. Diese Gedankenbrücke finden wir auch im Buddhismus, nicht aber im Islam, der eben kein „Allahismus" ist. Angehörige des Islam, Muslime, sind diejenigen, die sich (Gott) unterwerfen.

Der Großteil des Alten Testaments wurde zwischen 500 und 300 v. Chr. verfasst. Das ist die Epoche jüdischer Autonomie bzw. Quasi-Staatlichkeit in der alten Heimat Judäa. Gewährt wurde sie den Juden im Perserreich und in der Ära des Hellenismus. Die biblische Judas-Erzählung erzählt die dazu passende Geschichte, die, wie das Alte Testament überhaupt, nie beanspruchte, Geschichte zu sein, sondern eben Geschichten zu erzählen, die beschreiben, nicht dokumentieren sollten, „wie es dazu kam". Woher also, trotz der „Startnachteile“ (besonders Genesis, Kapitel 38), die herausragende Bedeutung von Judas für „die“ Juden? Weil Judas trotz aller Makel auch positive Züge aufwies: Josef, Jakobs Lieblingssohn, war seinen eifersüchtigen Brüdern verhasst. Sie wollten ihn töten. Das verhinderte Judas. Er schlug vor, Josef nicht zu ermorden, sondern ihn zu verkaufen. Gesagt, getan. Auch nicht gerade fein, aber doch Josefs Leben rettend.

Dialektische Ethik im Judentum

Dieser bewussten *dialektischen Ethik* begegnet man in der Hebräischen Bibel sowie in der gesamten Jüdischen Tradition immer wieder. Sie als Beliebigkeit zu bezeichnen, wäre völlig verfehlt. Vielmehr soll signalisiert werden, dass ein und derselbe Mensch oder Sachverhalt nicht eindimensional, sondern mehrdimensional betrachtet und bewertet werden muss. Wie bei jeder guten Literatur. Diese Erzählweise ist zugleich Denkmethode.

Angesichts jener Judas-Dialektik überrascht die Tatsache, dass sowohl in der jüdischen als auch christlichen Tradition der Messias aus dem Hause Davids kam (christlich) oder kommen soll (jüdisch). Eine zweite, scheinketzerische Schlussfolgerung: Auch diese Doppelbödigkeit der Judas-Erzählung verbindet Juden und Christen gleichermaßen. Vielleicht sehen es die Mehrheiten beider Seiten eines Tages ein.

Fazit: Vom frühen achten vorchristlichen bis zur ersten Hälfte des 19. Jahrhunderts nennen sich Juden „Juden“ und werden auch von außen so genannt. Die zur Zeitenwende beginnende rabbinische Literatur spricht dagegen meist von „Israel“. Die Außenwelt nahm „Juden“ meist negativ wahr. Um diesem „Makel“ zu entkommen, nennen sich deshalb seit dem 19. Jahrhundert assimilationseifrige Juden „Israeliten“. Die Flucht aus der traditionellen Bezeichnung führte spätestens seit 1948 (Gründung des Staats Israel) in die politische und identifikatorische Sackgasse. Kaum jemand will oder kann zwischen Juden und Israel unterscheiden.

Volk Israel, Söhne Israels, Israeliten

Einer ähnlichen Doppelbödigkeit wie bei Judas begegnen wir bei der Sammelbezeichnung „Israel“ bzw. „Volk Israel“ oder „Söhne Israels“.

Provokation? Der Mensch, der Jude, kämpft gegen Gott

Israel war der Name, den Jakob nach seinem sogenannten „Kampf mit dem Engel“ erhielt. Der hebräische Urtext legt nahe, dass dieser (falsch übersetzte) Engel Gott „höchstpersönlich“ war. Der körperliche Kampf zwischen Gott und Jakob endete unentschieden. Jakob war also ein „Gottesstreiter“ hebräisch: „Israel“, und diesen Namen gab er sich nicht selbst. Er wurde ihm vom Gott verliehen. ER war die entscheidende „Instanz“.

Bibelsprache ist Bildersprache. Worte und Erzählungen sind als Bilder, als Chiffren, als Symbole zu verstehen. Das Bild führt vom Äußeren zum inneren Kern. Dieser wäre hier so zu um- und beschreiben: Der Mensch (nicht nur Jakob und Volk Israel) nimmt es mit Gott körperlich und (!) geistig auf. Gott wird einerseits als höchste Macht anerkannt und andererseits wird diese gleichzeitig infragegestellt und, wörtlich, bekämpft. Ein geradezu (positiv) provokativer Akt der Autoemanzipation (Selbstbefreiung) des Menschen von Gott. Die andere Seite – eben dialektische Ethik oder, besser: dialektische Theologie: trotz oder wegen dieser Autoemanzipation demütige Unterwerfung vor Gott.

Dieser Kernaussage (in erzählten Bildern) begegnen wir an zahlreichen Stellen der Hebräischen Bibel. Beispiel eins: Vor der Zerstörung Sodoms und Gomorrhas feilscht Stammvater Abraham mit Gott um und für jeden Gerechten in jenen Sündenpfuhlen. Beispiel zwei: Hiobs Klagen wider Gott. Am Ende seines irdischen Daseins knüpft auch der gekreuzigte Jesus an diese jüdische Tradition an: „Mein Gott, warum hast Du mich verlassen (bzw. geopfert)?“ Er war als Jude geboren und gestorben.

Kernaussage zwei betraf die nahezu blinde, unterwürfige Akzeptanz göttlicher Autorität: Derselbe Abraham, der mit Gott geradezu aufrührerisch feilschte, unterwarf sich ihm blind. Erinnert sei an die Opferung Isaaks. Der zuvor so kesse Abraham war bereit, wenngleich widerwillig, so doch widerspruchslos Gottes Befehl auszuführen.

Jenes einerseits aufmüpfig-emanzipatorische sowie andererseits und gleichzeitig unterwürfige Verhältnis zu Gott setzt sich im Talmud fort. Bis an die äußerste Grenze befragen die Weisen („Unsere Väter“ = „awoteinu“ - nicht Stammväter! - genannt) die (Un-)Sinnhaftigkeit göttlicher Entscheidungen. Just da ertönt eine „bat kol“, d. h. Himmlische Stimme, die, frei übersetzt, jeglichen Widerspruch ausschließend, verkündet: „Das ist deine Sache nicht, Mensch!“

Diese Zweidimensionalität des jüdischen Gottesverständnisses hat die Orthodoxie inzwischen auf Gehorsam einfordernde, nur das Äußere der traditionellen Bildsprache erkennende, benennende und bekennende Eindimensionalität schrumpfen lassen.

Abrahamiten?

Religionsgeschichte erzählt religiös gefärbte Geschichten. Sie ist keine Geschichte im wissenschaftlichen Sinne, also nicht historisch. Religionsgeschichtlich war nicht Jakob der erste Stammvater der Juden, sondern Abraham. Dass die Juden Am Israel bzw. Volk Israel / Söhne Israels / Israeliten wurden und nicht „Volk Abraham“ oder Abrahamiten ist leicht zu erklären. Antike Gesellschaften waren Stammesgesellschaften. Die jüdischen Stammesnamen wurden auf den biblisch-mythologischen Jakob zurückgeführt. Der hatte zwölf Söhne (auch Töchter, doch Töchternamen wurden damals leider nicht gewählt…). Der mythisch-biblische Abraham hatte nur einen Sohn: Isaak. Dieser hatte zwei Söhne: Esau und Jakob. Ein Name reichte nicht für 12 Stämme, und so wurde der Vater der zwölf „Söhne" Stammvater, also Israel bzw. Jakob.

Hebräer?

Selten werden Juden sowohl intern als auch von Außenstehenden „Hebräer" genannt. „Ich bin ein Hebräer". Dieser Satz des Propheten Jona (Jona 1,9) dürfte die bekannteste Selbstbezeichnung eines Juden als Jude sein. Bevor Abraham in der Bibel (Genesis 14,13) als Stammvater des Volkes Israel präsentiert wird, ist er „Hebräer", und Jakobs Sohn Josef wird von „den" Ägyptern als „Hebräer" wahrgenommen (Genesis 39,14; 41,12).

Über Ursprung und Erstbedeutung des Wortes „Hebräer" sind sich die Gelehrten uneinig. Mir leuchtet die Hinführung auf die Wurzelbuchstaben ajin, beth, reisch mit der Verb-Bedeutung „überqueren" am ehesten ein, denn auf seinem (biblischen) Weg aus dem Zweistromland ins „Gelobte Land" überquerte der legendäre Stammvater Abraham den Euphrat.

Der frühe Kirchenlehrer Origines (184–253), ein frühchristlicher und strammer Gegner der Juden, unterschied zwei Juden-Kategorien. Solche, die ihm bei der sprachlichen Auslegung der Bibel halfen, nannte er „Hebräer". Die übrigen betrachtete er schlicht als Gegner. Das waren „die Juden".

Mosaisch Entgöttlicht?

Die Benennung von Juden als „mosaisch" verweist, wie die Bezeichnung von Muslimen als „Mohammedaner", auf die Personen, Moses und Mohammed. Sie entstammen dem jeweiligen Mythos, dem fiktional, also ohne geschichtswissenschaftliche Beweise, Geschichtlichkeit unterstellt wird. Weder Mohammed als Begründer und Prophet des Islam, noch Moses wird in der jeweils Heiligen Schrift (Koran,

Altes Testament) Gotteseigenschaft zugesprochen. Krasser: Wie Aussatz werden dabei die Begriffe „Juden“ oder „Muslime“ durch Personalisierung umschifft. Zugleich reduziert diese Personalisierung auf Moses oder Mohammed beide Religionen zu entgöttlichten Konfessionen, weil beide Bezeichnungen nicht auf Gott verweisen, sondern auf vom Mythos überlieferte Menschen. Zum einen Moses (der keine historische Persönlichkeit war, sondern Chiffre ist), zum anderen auf Mohammed (für dessen historische Authentizität es keinen einzigen zeitgenössischen Beleg, sondern nur Zeugnisse gibt, die viel später entstanden). Personalisierung – Konfessionalisierung – Entkernung bzw. Entgöttlichung. Das ist, bezogen auf Mosaische und Mohammedaner, die entweder von innen oder außen politisch gewollte Gedankenkette.

Exkurs: Anmerkungen zum Davidstern

Die Schulweisheit verbreitet die Legende, der „Davidstern“ wäre „das“ Symbol des Judentums. Tatsache ist – und in Gershom Scholems „Der Davidstern“ nachzulesen: Der Davidstern war keine Erfindung des legendären, biblischen Judenkönigs. In zahlreichen anderen Kulturen findet man dieses Symbol zu verschiedenen Zeiten quasi als ein gegen „Böse Geister“ gerichtetes und vor ihnen schützendes Zeichen. Die Ursprünge (Plural!) sind also interkulturell und ur„heidnisch“. (Der vermeintlich „Islamische Halbmond“ übrigens auch, und das „Christen-Kreuz“ war ursprünglich bekanntlich alles andere als christenfreundlich oder selbstgewählt.) Im Laufe des 19. Jahrhunderts erhielten Westeuropas Juden erstmals rechtliche Gleichstellung. Die liberalen passten sich auch kulturell sowie religiös an und wollten, „wie die Christen“, ein eigenes Symbol. Dabei verfielen sie auf den „Davidstern“, samt der Legende vom davidischen Ursprung. Hier Kreuz, dort Davidstern. Vereinfacht könnte man sagen: Wo und wenn man bei Juden im 19. und frühen 20. Jahrhundert auf dieses „Judensymbol“ stieß, befand man sich im eher liberaljüdischen Milieu. Anschauungsunterricht bieten unter anderem in jener Epoche aufgestellte Grabsteine mit oder ohne Davidstern auf jüdischen Friedhöfen.

Auch der Gründer des Zionismus, der assimilierte und liberale Jude Theodor Herzl, bediente sich des Davidsterns und machte dieses in seinen Kreisen „typisch jüdische“ Symbol zum Zeichen der Jüdischen Nationalbewegung. So viel zum zwar reaktiven, doch positiv selbstbestimmten Ursprung des heute typischen jüdischen Symbols. Den negativ fremdbestimmten Ursprung kennt und nennt heute jedermann: Den Judenstern, den die deutschen Nationalsozialisten aufzwangen, bevor sie die Juden sechsmillionenfach ermordeten.

In der Mitte der Staatsflagge des neuen Jüdischen Staates, Israel, prangt der Davidstern. Als Zeichen zionistischer Kontinuität und der Pietät gegenüber den sechs Millionen. Sozusagen als Zeichen gesamtjüdischer Auferstehung. Erst Ermordung, dann Auferstehung. Man staune nicht: Grundgedanke und Grundgefühl des typisch jüdischen Davidsterns und des typisch christlichen Kreuzes ähneln einander weit mehr als allgemein wahrgenommen.

Auszug aus Michael Wolffsohn: *Eine andere Jüdische Weltgeschichte*. Freiburg im Breisgau: Herder 2022, S. 17–23.

2. Jüdisches Sein zwischen Diaspora und Zion

Die „Hohen Jüdischen Feiertage“, Neujahr und der Versöhnungstag (Jom Kippur), sind alles andere als Tage fröhlichen Feierns. Ganz im Gegenteil. „Sein oder nicht sein“, das ist da die Frage. Tod oder Leben? Und, daraus abgeleitet, natürlich die Frage: Wie leben? Die zusätzliche Frage ist „typisch jüdisch“: Wo leben? Geht es (noch) in der Diaspora oder, des ewigen und allgegenwärtigen Antisemitismus wegen, doch nur in Zion, also in Israel? Ohne einen Blick in die Vergangenheit kann diese an die Zukunft gerichtete Frage weder individuell noch kollektiv beantwortet werden.

Vor 125 Jahren wurde in Basel der Erste Zionistenkongress unter Leitung von Theodor Herzl eröffnet. Damals schien der Gedanke an einen Jüdischen Staat in der „Alten Heimat“ vollkommen illusorisch. „Wenn ihr wollt, ist es kein Märchen“, lautete der Schlusssatz von Herzls zionistischem Zukunftsroman, der weniger literarisch als politisch bedeutsam wurde. Herzl wollte, auch andere jüdischen Männer und Frauen, doch die Mehrheit der Juden wollte damals und will heute (noch?) nicht. Nicht ins „Land der Väter“. Israel ist auch vielen Juden nicht nur klimatisch „zu heiß“. Der Standard-Kalauer französischer Juden besagte lange Zeit: „On y mange mal.“ Man isst dort schlecht.

51 Jahre nach dem Ersten Baseler Kongress wurde das zionistische Märchen Wirklichkeit. Israel wurde gegründet – und inzwischen bietet auch Israel Haute Cuisine. Teils koscher, teils nicht. Zwischen 1897 und 1948 geschah eine Katastrophe, hebräisch: Schoa, das sechsmillionenfach Judenmorden. Der Tod war dabei ein „Meister aus Deutschland“. Er hatte in ganz Europa willige Gesellen. Man nennt sie „Kollaborateure“. Gerne vergessen oder verdrängen jene Gesellen ihre Kollaboration und reden nur vom Mord„meister“, der sich wenigstens um „Aufarbeitung“ bemüht. Nicht immer erfolgreich.

Bereits knapp zweitausend Jahre vor der Schoa waren Europas Juden diskriminiert oder liquidiert worden. Nicht selten erst diskriminiert und dann liquidiert. Bereits vor 1897 war der Boden Europas mit jüdischem Blut getränkt. Die Gründung des Zionismus war im Zeitalter der Nationalstaaten einerseits die jüdische Antwort auf jene zweitausendjährige Geschichte und andererseits die zeit- und anlassbedingte Reaktion auf den seit 1881 tobenden liquidatorischen Pogrom-Antisemitismus im russischen Zarenreich und den aggressiv diskriminatorischen in Frankreich (Dreyfus-Affäre).

Dennoch: Bis 1933/1939 (Weltkrieg und Holocaust) setzte das bürgerlich liberale Judentum – also die Judenmehrheit in Westeuropa – auf die liberale Bourgeoisie ihrer jeweiligen Diaspora-Heimat. Die linksjüdische Minderheit verließ sich auf ihre internationalistischen, sozialistischen und kommunistischen Genossen. Beide wurden von ihren „Verbündeten" im Stich gelassen, als es darauf ankam, sie lebensrettend zu schützen. Die Masse der orthodoxen Juden lehnte den Zionismus als Eingriff des Menschen in Gottes Werk ab und bekämpfte ihn als „Gotteslästerung". Von Basel 1897 bis 1933 – und teils auch danach – sah die Mehrheit der Juden in den Zionisten eine Gefahr für ihre Diasporazukunft als Bürger, Citoyens, Genossen oder gläubige Juden.

Dialektik des Megagrauens und sozusagen die jüdische Variante der Passion Jesu: Erst Tod, hier sechsmillionenfach, dann Auferstehung, also Israel. Der Holocaust bewirkte mehr inner- als außerjüdisch (obwohl vor allem in Deutschland oft, zum Beispiel von Ex-Kanzler Helmut Schmidt, anders behauptet) den entscheidenden Rechtfertigungsschub des Zionismus. Der Zionismus schien oder scheint für Juden „alternativlos". Ist er Nostalgie, überholt oder für Juden immer noch oder wieder notwendig? Eine Skizze von Vergangenheit und Gegenwart des Zionismus sei versucht.

Weltpolitische und auch innerjüdische Gründe verhinderten die Gründung des Jüdischen Staates vor 1948. Die Frage „Was wäre gewesen, wenn…" ist meistens müßig. Nicht in diesem Falle. Stellen wir uns vor, Israel wäre 1897/98, unmittelbar nach dem ersten Kongress in

Basel, gegründet worden. Der damalige Herrscher des Vorderen Orients, das Osmanische Reich, dachte nicht daran, einen Jüdischen Staat hinzunehmen. So wenig wie dann ab 1917/18 die britischen Eroberer. Die Londoner Regierung hatte am 2. November 1917 zwar in der Balfour-Erklärung auf geduldigem Papier zugesagt, eine „Jüdische Heimstätte" in Palästina errichten zu lassen, doch, um nicht die Wut der Araber gegen ihr Kolonialreich zu erregen, tat die britische Politik bis 1948 alles, um genau eine solche Heimstätte, gar einen Jüdischen Staat, zu verhindern. Am Ende erzürnte London sowohl Zionisten als auch Araber. Wörtlich: Beide Seiten schossen sich auf Briten ein – und zielten aufeinander.

Was wäre, wenn es bis 1932, vor dem Beginn der jüdischen Apokalypse, einen Jüdischen Staat gegeben hätte? Die Antwort kennt jeder.

Wie sehr die nichtjüdische Welt Juden „schützte", zeigte die Konferenz von Evian 1938. Außer der diktatorisch regierten Dominikanischen Republik war kein Staat bereit, die damals „nur" in Deutschland und im angeschlossenen Österreich gefährdeten Juden aufzunehmen.

Nach der sechsmillionenfachen Katastrophe wollten auch so gut wie niemand die überlebenden Juden der NS-Höllen aufnehmen. Erst 1948 konnten sie nach Israel kommen. Lieber wären sie woanders hingezogen. Von Auschwitz an die Front? Nein danke, auch wenn ihn „die" Araber begonnen und von 1936 bis 1945 mit Hitler-Deutschland gegen „die" Juden kooperiert hatten, was „Alte Kämpfer" auch nach 1945 vor allem in Ägypten und Syrien leidenschaftlich gegen Israel fortsetzten.

In den arabischen Staaten wurden Juden als Reaktion auf Zionismus und Israel noch mehr als zuvor verfolgt und auch getötet... Die irakischen oder jemenitischen Juden hatten keine Wahl außer Israel. Viele nordafrikanische Juden, besonders die wohlhabenden, wählten Frankreich als neue Heimat. Die armen und weniger gebildeten überließ man Israel. Innerjüdische „Dankbarkeit". Seit ca. zwanzig Jahren wird es vielen jener französischen Juden in ihrer neuen Heimat sicherheitspolitisch zu „heiß". Dort ist der Antisemitismus mörderisch. Nicht nur in Frankreich will der Staat die Juden schützen. Doch offenbar kann er es so wenig wie Deutschland. Das inzwischen längst nicht mehr arme und provinzlerische, nunmehr hochentwickelte und -innovative Israel, wo man nun sogar gut isst, ist ihnen jetzt gut genug. Wohlstandsdesperados. Das ist die neue Variante jüdischer Desparados. Herzl hatte richtig erkannt, dass nur von der Diaspora enttäuschte oder gar verzweifelte Juden in den Jüdischen Staat einwandern würden.

„Ungemütlich" wird es inzwischen auch den Juden wieder in Deutschland, wobei die Gefahr nicht nur, wie traditionell, von rechtsaußen, sondern auch von Linksaußen und Islamisten, den „Islamogauchistes", ausgeht. Ebenfalls wie in Frankreich und überall.

Auch wenn die meisten Juden (noch?) lieber, aus welchen Gründen auch immer, in der selbstgewählten Diaspora bleiben, ist der von den Zionisten seit 1897 allmählich und mühsam erkämpfte Jüdische Staat der einzige Ort in der Welt, wo Juden (wie „Faust") sagen können: „Hier bin ich Mensch, hier kann ich´s sein" – ohne gut gemeinte Plakate, deren Botschaft heißt: Juden sind Menschen wie du und ich. Offensichtlichkeit als „Aufklärung". Peinlich.

Der Zionismus ermöglicht dem Juden in erster Linie ganz einfach, Mensch zu sein, ich, und nicht „der" Jude – wobei „Jude" angesichts der Leistungen von Juden in Geschichte und Gegenwart zwar keine gar göttliche „Auserwähltheit", sehr wohl aber Verpflichtung ist, sich der Errungenschaften der Vorfahren würdig zu erweisen. Nicht zuletzt der zionistischen Vorfahren und deren Nachfahren in Israel – trotz ihrer Fehler. Nobody is perfect. Zionisten auch nicht. Aber sie boten und bieten den Juden aller Welt Schutz als unverzichtbare Voraussetzung ihres freien menschlichen Seins. An den Hohen „Feier"tagen haben alle Juden einmal mehr Gelegenheit, über Inhalt und Ort ihres Lebens nachzudenken. Ihre Entscheidung hängt nicht zuletzt vom Verhalten der Nichtjuden ab. Die haben diese Wahl: Wollen wir hochloyale, einsatzfreudige, gut ausgebildete, ideell und materiell dem Gemeinwesen nutzende Bürger behalten oder ´rausekeln?

Der Beitrag erschien in gekürzter Form am 22. August 2022 anlässlich 125-Jahre-Jubiläum des ersten Zionistenkongresses in Basel auf der Internetplattform *Audiatur-Online*.

3. Was ist jüdisch?

Fremd- und Selbstbilder entsprechen selten der Wirklichkeit – nicht zuletzt der Wirklichkeit von Juden, Judentum und Israel. Zerr- und Idealbilder gibt es zuhauf. Jene sind judenverachtend, diese enttäuschen jeden, weil der Realzustand nie dem Ideal gleicht und durch Enttäuschung Hass programmiert.

Das einzig richtige Bild von Individuen gibt es nicht. Noch weniger von Kollektiven. Jedes Bild, das wir uns von jemandem oder etwas, auch von uns selbst, machen, ist entweder Idealbild oder Zerrbild, jedenfalls kein Realbild. Ihm können wir uns bestenfalls nur annähern.

„Du sollst dir kein (Götzen-)Bild machen", lautet das Zweite der Zehn Gebote. Vom Religiösen ins Weltlich-Politische übertragen, kann man es auch als Empfehlung beim Umgang mit Juden, Judentum und Israel verstehen.

Ein Merkmal von Zerrbilden über Juden oder Israel ist *Disproportionalität*. „Jüdische Weltmacht", „Weltverschwörung", „Israelischer Staatsterror" gehören zu den sattsam bekannten Verzerrungen.

Verzerrungen sind kein Privileg von Nichtjuden. Manche nichtreligiösen Juden in Israel und der Diaspora missverstehen seit jeher den Begriff, das Wortbild, „Auserwähltes Volk" gerne als Würdigung ihrer Fähigkeiten und Leistungen. Dieses Verständnis von Auserwähltheit als individuelle oder kollektive Selbstkrönung ist jüdisch-religiös absurd, denn jener Begriff ist theologisch als Pflicht zum Dienst an Gott zu verstehen, also mehr Last als Lust.

Die bei Christen und Muslimen Zerrbilder von Juden auslösende Disproportionalität hat drei Urgründe. Zwei sind religiös, einer machtpolitisch. Wenn und solange Christen wortgläubige Christen und Muslime wortgläubige Muslime sind, gibt es kaum eine andere

Seinsrechtfertigung für die eigene, einst neue Religion als Abgrenzung, Polemik, Unterdrückung oder gar Hass gegen die ursprüngliche monotheistische Religion, der man letztlich entstammt. Dazu gehört einst und jetzt jede Form der Diskriminierung von Juden, manchmal auch der Liquidierung, doch, wohlgemerkt, nicht der kollektiven Liquidierung. Die kollektive Judenvernichtung als „Endlösung" anzustreben, ist erst eine „Errungenschaft" der verweltlichten, religionsfernen, teils -feindlichen Moderne und in dieser Form eine deutsche „Erfindung". Statt „sechsmillionenfache Judenvernichtung" wird das Fremdwort „Holocaust" oder „Schoah" bevorzugt – auch das eine Flucht aus der Realität des Bildes in die (Pseudo-)Bildung. Nach dieser weltlichen Judenvernichtung kann kaum ein Teil dieser Welt Juden gegenüber entspannt bleiben, denn der Tod war zwar „ein Meister aus Deutschland", aber er hatte fast weltweit willige Gesellen. Auch in der Islamischen Welt. Gegenüber Israel, dem Jüdischen Staat, fällt Gelassenheit ebenfalls schwer, denn Nahost ist ein weltpolitisches sowie weltwirtschaftliches Pulverfass.

Historisch sind Zerrbilder über Juden freilich weder eine christliche noch muslimische oder gar deutsche Erfindung. Peter Schäfer führt die Anfänge des Antisemitismus aufs Alte Ägypten zurück. Der Alt-Römer Tacitus beschrieb die Juden als Seuchenüberträger. Deshalb wären sie einst aus Ägypten vertrieben worden. „Ihr habt den Teufel zum Vater", lässt der Evangelist Johannes (8, 44) Jesus „den Juden" entgegenschleudern. Im Koran werden die Juden mehrfach als Affen und Schweine bezeichnet. Das auf Juden durchaus kollektiv bezogene Schweine-Motiv übernahm die Kirche nach dem IV. Laterankonzil (1215) in Form des „Judensau"-Zerrbildes, der vulgärsten antisemitischen, ja, Schweinerei. Sie stellt eindeutig als Juden erkennbare Männer dar, die Obszönes mit dem Tier treiben. Gemeint ist damit: Das Schweine-Tabu der Juden wäre Heuchelei, und „die" Juden letztlich selbst Schweine. Von der Wittenberger Judensau schwärmte noch Martin Luther. Kürzer als der zeitliche ist der bildliche Sprung von der Judensau zum NS-Hetzblatt „Stürmer".

Selbst im Alten Testament (der Hebräischen Bibel) findet man Zerrbilder von „den" Juden. Wenig zimperlich waren dabei die Propheten, etwa Hosea, der „die" Juden wegen ihrer Untreue gegenüber dem einen Gott als Prostituierte beschimpfte. Worin unterscheiden sich jüdische von nichtjüdischen Zerrbildern über Juden? Die jüdisch prophetischen sind Aufforderungen zur Umkehr, die nichtjüdischen zur Diskriminierung oder auch Liquidierung.

Zu Zerrbildern gehört außer Disproportionalität auch Dämonisierung. Beide sind zwei Seiten einer Medaille. Disproportionalitäten im Bild von sich und anderen findet man sowohl bei Juden als auch Nichtjuden. Die Dämonisierung von Juden und Israel ist ein „Privileg" von Nichtjuden. Wer meint, „die" Juden, also 0,2% der Menschheit, wären eine Menschheitsgefahr, die einer (End-)Lösung bedarf, hat, Verzeihung, „nicht alle Tassen im Schrank". Jüdische Minderheiten und Migranten haben der jeweiligen Mehrheit nur genützt und nie Terror ausgeübt. Jede Judenvertreibung oder -vernichtung hat dem Täter massiv geschadet.

Zur kontrafaktischen Dämonisierung vom Judentum und, daraus fehlschießend aufs heutige Israel und den Nahostkonflikt, gehört das Bild vom „alttestamentarischen" (Hetz-Jargon für „alttestamentlich") „Jüdischen Rachegott". Ein Beispiel: Vor einigen Jahren erklärte der „berühmte Theologe" Oskar Lafontaine Israels „Unnachgiebigkeit". „Liebe deinen Nächsten wie dich selbst", sei eben christlich, Jesus, und nicht jüdisch. Jüdisch wäre „Auge um Auge, Zahn um Zahn". Erstens setzte der Meisterinterpret jüdisch mit israelisch gleich. Zweitens weiß er nicht, dass die Quelle jenes Bergpredigt-Zitats die Hebräische Bibel ist (Leviticus 19, 18). Drittens verkennt er, wie viele, die Vielschichtigkeit der jüdischen Gottesvorstellungen: sowohl Liebe und Barmherzigkeit als auch Zorn und Strafe. Viertens weiß er nicht, dass „Auge um Auge" ein Wortbild für die Forderung der Verhältnismäßigkeit von Straftat und Strafe ist, also Grundstein eines aufgeklärt menschlichen und keineswegs rückschrittlich, rachedürstigen, jüdisch-israelischen Rechtsverständnisses.

Zur Diskriminierung, Disproportionalität und Dämonisierung jüdischer oder israelischer Existenz gehört auch deren *Delegitimierung* – ein verharmlosender Begriff für die Liquidierung von Juden oder Israel. Die diesbezügliche Kampf-Bezeichnung Israels als „Zionistische Einheit" ist selbstverräterisch: Statt „Staat" das Wort „Einheit" und statt „jüdisch" oder „israelisch" eben „zionistisch". Letzteres liefert eine heuchlerische Differenzierung: Man wolle nicht „die" Juden auslöschen, sondern „nur" Zionisten. Vielen Dank. Dass von denen, die ausgelöscht werden sollen, auch im Wort nur Zerrbilder dargeboten werden, versteht sich von selbst. Besonders perfide sind antizionistische bzw. antiisraelische Zerrbilder, wenn zum Beispiel, wie im Frühjahr 2018 in einer Karikatur der „Süddeutschen Zeitung" Israels Premier Netanjahu, wie einst im NS-Hetzblatt „Der Stürmer", als „typischer Jude": klein, mit abstehenden Ohren, langer Nase und wulstigen Lippen gezeichnet wird. Dazu, nicht zu vergessen: der Davidstern, „das" vermeintliche Symbol „des" Jüdischen sowie, das anders als im „Stürmer", in der Hand eine Rakete plus Davidstern, also als Killer. Wie „lustig", besonders zu einer Zeit, in der fast täglich palästinensische Hamas-und-Jihad-Raketen aus dem Gazastreifen auf israelische Zivilisten niederprasselten. Auch andere – wie Putin, der Iran und die Hisbollah – führen Krieg, aber „Kriegstreiber" ist Netanjahu / Israel. Bei kundiger Betrachtung ist „Bibi" zudem ein Zauderer. Realbild? Fehlanzeige. Dieser Doppelmaßstab, diese Doppelmoral, gehört zur Disproportionalität, also zum Zerrbild.

Komischerweise finden „die" Juden und Israelis so „lustige" Darstellungen gar nicht so lustig. Man kann es neurotisch-jüdisch nennen. Aber ist diese fremdbedingte „Neurose" überraschend? Ist sie nicht Reflexion von, Reaktion und Reflex auf eine dreitausendjährige Geschichte fast durchgehender Verfolgungen und Vernichtungsdrohungen, denen jüdische Staatlichkeit und Diasporajuden ausgesetzt sind? Zum Beispiel: „Juden ins Gas!", Berlin Juli 2014, „Tod den Juden", London, November 2018 und … und … und.

Das historische Idealbild vom klugen und menschlichen Juden finden wir beim Aufklärer Lessing, in „Nathan der Weise“. Dieser wunder(!)bare Nathan ist unglaubwürdig, weil übermenschlich. Leicht konnten und haben Antisemiten gekontert: So weise und tugendhaft ist kein Mensch. Recht hatten sie. Leider. Doch sogar die allgemein zurecht so gerühmte Aufklärung hat Zerrbilder von Juden zu bieten. Etwa in Voltaires „Candide“. Niederträchtig wird darin der Jude Don Isachaar persifliert – als mieser, geldgieriger und – Verzeihung – geiler Bock. Woraus wir lernen, dass auch Aufklärung keine Garantie gegen Antijudaismus, Dummheit oder Niedertracht anderer Art ist.

Gut gemeinte, doch politisch schädliche, weil unglaubwürdige Idealbilder gibt es auch nach Lessing zuhauf. Ebenfalls Zerrbilder. In Bundesdeutschland werden Juden, besonders Amtsjuden, nicht nur von Teilen der Politik und Medien gerne als „Moralische Instanz“ präsentiert und gefeiert. So geschehen zum Beispiel bei den deutsch-jüdischen Spitzenrepräsentanten Werner Nachmann und Ignatz Bubis. Groß das Entsetzen, als 1988, kurz nach Nachmanns Tod, bekannt wurde, dass diese „Moralische Instanz“ andere Juden um ca. 30 Millionen DMark Wiedergutmachungsgelder geprellt hatte. Vorsicht bei der Idealisierung (nicht nur von Juden) wäre geboten gewesen. Doch schon Nachmanns Nach-Nachfolger Ignatz Bubis ward Deutschlands neue Lichtgestalt. Sozusagen amtlich. Dass er nicht unbedingt den ehrbaren Kaufmann verkörperte, wussten freilich viele. Auch der an sich großartige Filmemacher Rainer Werner Fassbinder. Allerdings schüttete er das Kind mit dem Bade aus. Statt eines Realbildes vom Geschäftsmann Bubis bot er in seinem Stück „Der Müll, die Stadt und der Tod“ ein Zerrbild. Die Hauptperson jenes Machwerks – ein fieser Immobilienkapitalist – hieß nicht x oder y oder z, sondern „Der Jude“. Unmaskierter Antisemitismus. Weil nicht sein kann, was für manche nicht sein darf – dass eher Linke vermeintlich exklusiv rechte Zerrbilder von Juden bieten – folgte 1986 dem abgesetzten Theaterstück eine Variante des Absurden Theaters. Scheinbar ernsthaft wurde darüber öffentlich gestritten, ob jener „Müll-Stadt-Tod“ wirklich antisemitisch sei. Was denn sonst?

So oder so: Weder das Zerr- noch das Idealbild boten ein Realbild von Bubis oder gar „dem" Juden. Es gab und gibt außer Bubis noch andere „Immobilienhaie". Juden ebenso wie Nichtjuden. Doch jeder Rückschluss vom individuellen Zerr- oder ebenso Idealbild auf jedwedes Kollektiv ist absurd. Oder lieben „die" Deutschen „nach und wegen Auschwitz" die gegen sie gerichtete Kollektivschuldthese?

Eine andere, beliebte Absurdität: Wenn durchaus liebenswürdige, doch intellektuell (warum auch nicht?) eher unbedarfte Juden als „Fachleute" zu geistig-geistlichen Themen befragt werden. „Die" Juden sind zwar das „Volk des Buches" und gehören (bedingt durch mehr als zweitausend Jahre „Schulpflicht" sowie ein kollektiv gehegtes Bildungs- und Leistungsideal ganz ohne Bafög) zur Spitzengruppe der Nobelpreisträger. Doch so wenig wie jeder geborene Deutsche durch seine Volkszugehörigkeit automatisch „Dichter und Denker" ist, zählt jeder Jude durch Geburt zur menschheitlichen Geistes- oder Moralelite.

Nicht nur in Deutschland wird der wechselseitige Umgang von Nichtjuden, Juden und Israelis, überhaupt von Mensch zu Mensch, erst dann normal, sprich: unverkrampft, wenn Realbilder gezeichnet werden. Unter entgegengesetzten ethischen Vorzeichen entmenschlichen Zerrbilder ebenso wie Idealbilder den Menschen, weil sie ihn entweder als „Untermensch" oder Übermensch verzeichnen. Wo „bin ich Mensch" und „darf ich´s sein"? Hier…!

Zuerst erschienen am 31. Januar 2019 in: DIE ZEIT, Nr. 6, S. 48.

4. "Du sollst dir kein Bildnis machen"

Das Bild als Informations- und Gefahrenquelle. Oder: Von der „Judensau" über den „Nathan" zum „Stürmer" und zu Juden „wie du und ich"

Das Erste Gebot: „Du sollst keine anderen Götter haben vor mir! Du sollst dir kein Bildnis machen und keinerlei Gestalt dessen, was im Himmel oben und was auf Erden unten und was im Wasser unter der Erde ist. Du sollst dich vor ihnen nicht niederwerfen und ihnen nicht dienen, denn ich, der Ewige, dein Gott, bin ein eifernder Gott…"

Anders als das Christentum hat das Judentum (abgesehen von seiner hellenistischen Minderheit in vorchristlicher Zeit) das Bilderverbot wörtlich genommen und nicht nur – wie eigentlich im Gebotstext verlangt – auf die Darstellung von Götzen, sondern auf Menschen, Tiere, Pflanzen, ja, alles Sichtbare bezogen. Deshalb fehlt im Judentum eine Tradition der Bildenden Kunst. Kulturhistorisch hat sich das Judentum um das Schönste des Schönen gebracht – abgesehen von ansprechenden, doch nicht gerade häufigen oder schulenbildenden Beispielen der Schriftkunst bzw. Kalligrafie.

Erst in der Folge der rechtlichen Gleichstellung der Juden („Emanzipation"), also seit etwa 1800, entstand durch die Verweltlichung (auch) der Juden allmählich „Kunst von Juden". Von „Jüdischer Kunst spreche man besser nicht, zumal die wenigen Einzelkünstler, die einem (mit Ausnahme von Marc Chagall) auf Anhieb einfallen, Einzelkünstler jüdischer Herkunft waren, keine Darsteller von „Typisch Jüdischem" – was immer „typisch jüdisch" sei. Das gilt zum Beispiel für Maler wie Lesser Ury und Chaim Soutine ebenso wie für den Bildhauer Jacques Lipschitz.

„Mein Gott", wie plump, unbeholfen, manchmal auch unästhetisch wirkt die frühzionistische und frühisraelische Bildende Kunst. Sie trug durchaus vom zionistisch-jüdischen Kollektiv geprägte heldische Züge, verstand sich aber gerade durch ihren zionistischen Heroismus,

Optimismus und Realismus, ja, Naturalismus als Antithese zum traditionellen und zudem bilderlosen Diaspora-Judentum.[1]

Eine Wortkultur blieb das Judentum, das Christentum wurde Wort- und Bildkultur. Wurde, denn zunächst war das Christentum, das Frühchristentum, (nicht nur) bezogen auf die Bilderwelt eher „jüdisch", also fast bildlos. Jesus, ganz in der jüdischen Tradition, prägte Wortbilder, großartige Gleichnisse, er malte, so weit überliefert, keine Bild-Bilder. In der Tradition ihres der Herkunft nach jüdischen Christus haben die Frühchristen ebenfalls keine Bildtraditon begründet. Weil und indem sich die Christen vom Judentum entfernten und im Römischen Reich seit der „Konstantinischen Wende" allmählich dominierten, näherten sie sich der heidnischen bzw. „paganen" Bildkultur und übernahmen sie schließlich. In Byzanz dauerte dieser Prozess länger, dort war er umstrittener.

Der entscheidende Schritt der Entjudaisierung des Christentums bestand auch auf dem Gebiet der Bildenden Kunst in der „Paganisierung" des Christentums. Am Anfang der christlichen Bildkultur steht also die natürlich nicht die vollständige, doch teilweise Paganisierung. Für die Kunstgeschichte des Abendlands, später der Welt, war dies ein großer Gewinn. Dieser Gewinn bedeutete zugleich eine Entfernung vom jesuanischen = jüdischen Erbe. Mehr Christentum, weniger Jesus? Das klingt überspitzt, ist jedoch alles andere als abwegig – zumindest aus dieser Perspektive.

Die Enttabuisierung des Bildes schuf Großartiges, nämlich die Grundlagen der Bildkultur. Das ist die schöne Seite der Medaille. Die unschöne: Die Enttabuisierung des Bildes schuf und zementierte im übertragenen Sinne Bilder, Abbilder, Sinnbilder, „Images" vom Menschen, vom und über den jeweils anderen Menschen. Dem jeweils wirklichen Menschen entsprechen diese Bilder nicht. Dem zwischenmenschlichen Verkehr sind diese Bilder nicht selten abträglich, manchmal unerträglich. Der wirkliche Mensch wird durch das Bild statisch, eben zum Bild, im übertragenen Sinne leblos, zumindest unrealistisch, der Schein entspricht nicht dem Sein.

[1] Vgl. *Die Neuen Hebräer – 100 Jahre Kunst in Israel*, hrsg. von Doreet LeVitte Harten und Yigal Zalmona. Berlin: Nicolaische Verlagsbuchhandlung 2005.

Schein und Sein, Bild und Wirklichkeit vom Menschen, weniger Bilder von Einzelmenschen als von Menschengruppen und Gemeinschaften, konkret: von Juden. „Bilder von Juden“ das sei unser Thema. Wir reden von Bildern, welche die abendländisch-christliche Welt vom Juden malte, besonders im deutschen Raum. Auch von Bildern, die sich Juden seit Jahrhunderten von sich selbst und ihrer Umwelt machten. Diese Bilder waren – und sind – in ihrer Wirkung hochpolitisch und meistens schädlich, zumindest unrealistisch, mehr Schein als Sein. „Du sollst dir kein Bildnis machen“. Der Mensch halte sich daran nicht nur bezogen auf Gott, sondern auf den Menschen. Das Erste Gebot hat nicht nur metaphysischen Tiefsinn, sondern auch zwischenmenschlichen und politisch-gesellschaftlichen.

Bilder: Auf der Suche nach der Realität

Das Bild ist für die Geschichte im Allgemeinen und für die deutsch-christlich-jüdischen Beziehungen im Besonderen eine wichtige Quelle. Eine Quelle[2] im doppelten Sinne: als Quelle der Information sowie als Gefahrenquelle. Als Informationsquelle gibt es uns Aufschluss über Kontinuität und Wandel des Bildes, der Meinungen, der Einstellungen über Juden. Als Gefahrenquelle wirkte dieses Bild nicht selten, wenn es Meinungen und Einstellungen über Juden wiedergeben und darüber hinaus gestalten, genauer: als Propagandamittel verunstalten sollte. Als „Bild“ verstehe ich einerseits, im wörtlichen Sinn, bildliche Darstellungen; andererseits, im übertragenen Sinn, das Abbild von jemandem; hier also von „dem“ Juden oder von „dem“ Nichtjuden.

[2] Vgl. dazu den lesenswerten Aufsatz von Hannig, J., *Bilder, die Geschichte machen*, in: GWU 1989, H. I, S. 10-32. Mehr auf die geschichtstheoretischen Grundlagen verweist in diesem Zusammenhang Klueting, H., *Wissen ist Macht. Beobachtungen zum Stiner-Schmutzerschen Porträt des Staatskanzlers Kaunitz* (1765-67) - zugleich ein Beitrag zum Thema *Das Bild als Quelle*, in: MIÖG 1987, S. 297-310, besonders S. 297-301. Ferner: Bremer, N., *Das Bild der Juden in den Passionsspielen und in der bildenden Kunst des Mittelalters*, Frankfurt/M. 1986; Rohrbacher, St./Schmidt, M., *Judenbilder. Kulturgeschichte antijüdischer Mythen und antisemitischer Vorurteile*, Reinbek 1989.

Meine These lautet: Im Laufe der christlich-abendländischen und natürlich der deutschen Geschichte schwankte das Bild vom Juden zwischen Zerrbild oder Idealbild. Ein reales Bild vom Juden wurde fast nie gezeichnet und deshalb auch nicht geschichtlich wirksam. Einen vergleichbar mangelhaften Realismus finden wir auch auf der jüdischen und israelischen Seite.

Nie, weder in religiös geprägten noch in säkularisierten Epochen, konnten oder wollten Deutsche ihren im eigenen Land lebenden oder fremden Juden gegenüber gleichgültig bleiben. Die Kirche hatte sich lange als Gegnerin und Überwinderin der Synagoge verstanden. Zahlreiche Statuen von Synagoga und Ecclesia an oder in Kirchen dokumentieren diese Feststellung. Sie gilt für die fast zweitausendjährige Beziehung zwischen Deutschen und Juden.

In religiös geprägten Zeiten konnten die Deutschen als Christen den Juden gegenüber nicht gleichgültig bleiben. Die politische Mechanik des Antijudaismus blieb jahrhundertelang gegen das vermeintliche Volk der „Christusmörder" wirksam.[3] Seit Beginn der Säkularisierung, also seit Beginn der zunehmenden Entfernung und Entfremdung von der Religion, gibt es für die nicht vorhandene und theologisch unmögliche Gleichgültigkeit viele andere Gründe. Es würde zu weit führen, sie zu wiederholen. Dass aber nach dem millionenfachen Judenmord Deutsche gegenüber Juden und Juden gegenüber Deutschen nicht gleichgültig bleiben können und wollen, versteht sich fast von selbst.

Einem sprachlichen Missverständnis gilt es vorzubeugen: Die begriffliche Gegenüberstellung von Deutschen und Juden ist ein Kürzel. Sie soll sprachliche Ungetüme vermeiden, zum Beispiel die Bezeichnung „nicht jüdische Deutsche" oder „jüdische Deutsche". Selbstverständlich konnte und kann ein Jude Deutscher sein. Nicht immer durfte er es. Heute ist das anders, was oft zu der eher peinlichen Formulierung „jüdischer Mitbürger" führt. Trotzdem muss darauf aufmerksam gemacht werden, dass für viele in der Bundesrepublik Deutschland

[3] Vgl. zur politischen Mechanik Wolffsohn, M., *Ewige Schuld? 40 Jahre deutsch-jüdisch-israelische Beziehungen*, 3. Aufl., München 1989, insbes. S. 51ff.

lebende Juden der begriffliche Gegensatz von Deutschen einerseits und Juden andererseits das deutsch-jüdische Selbstverständnis kennzeichnet. Die manchmal auch übertriebene Aufmerksamkeit, die dem Staat Israel gezollt wird, mag unter anderem aus dieser christlich-abendländisch-deutschen Tradition verständlicher sein. Meine gewiss vergröbernde These gilt also für alle Phasen der deutsch-jüdischen Geschichte. Sie gilt seit rund zweitausend Jahren, von der Römerzeit bis in unsere Gegenwart. Dass auch unsere eigene, heutige kollektive Wahrnehmung trotz aller individuellen Unterschiedlichkeiten durch die jahrtausendelange Erniedrigung oder Überhöhung ebenfalls verzerrt ist, überrascht daher nicht – erst recht nicht nach den Wechselbädern der jüngsten Geschichte.

Natürlich sind wir alle unsicher und befangen, Juden ebenso wie Nichtjuden. Wie könnten wir auch sicher sein, jetzt endlich voneinander das richtige, das reale Bild zu sehen? Wir werden und sollten daher vernünftigerweise, auch vorsichtshalber, zuerst die Zerrbilder und Idealbilder schildern. Dann wollen wir sie bewerten. Symbolisch weinen müssten wir über sie. Ein anderes Bild sollten wir dann wollen, schaffen wollen. Mit anderen Worten: Wir leisten einen Beitrag zu dem, was man hierzulande so gerne „Vergangenheitsbewältigung" nennt.

Zur „Vergangenheitsbewältigung" gehören nach meinem Verständnis Wissen, Werten, Weinen, Wollen. Wissen, was geschah. Das Geschehene, also die Taten, als Schandtaten bewerten und darüber zumindest symbolisch weinen. Gefühle allein reichen nicht aus. Taten müssen ihnen daher folgen, daher das Wollen als viertes Element – als Vorstufe zur entscheidenden Tat, zur Tat, die einstige Untaten überwindet. Wir, die Nachgeborenen des Holocaust, Nichtjuden ebenso wie Juden, müssen allein schon aus biologischen Gründen keine Sühne leisten, denn wir sind nicht schuldig geworden. Nicht Umkehr ist unsere Aufgabe, aber das Verhindern der Wiederkehr. Das ist unsere gemeinsame Aufgabe. Hier müssen sich die Wege von Juden und Nichtjuden treffen und in einen neuen, gemeinsamen Weg münden.

Zunächst müssen wir wissen, wer wir waren. Wer wir waren und wer und was wir deshalb geworden sind. Dabei machen wir uns unwillkürlich Bilder vom anderen und von uns selbst. Anders geht es gar nicht. Aber was ist das richtige, das reale Bild? Begeben wir uns also auf die Suche nach der Realität. Suche? Was wäre wirklicher als die Wirklichkeit? Warum also die Realität suchen?

Wieder gibt es eine doppelte Antwort. Erstens: Die Darstellung der deutsch-jüdischen, ja, der abendländisch-christlich-jüdischen Wirklichkeit ist schwieriger, als man zuerst vermutet. Daher müssen wir das scheinbar Offensichtliche suchen. Es bleibt offen, ob wir es finden werden. Angesichts der Tatsache, dass es in rund zwei Jahrtausenden Juden und Nichtjuden kaum gelungen ist, ein reales Bild voneinander zu zeichnen, könnte die Suche nach der Realität erfolglos bleiben. Zweitens: „Auf der Suche nach der Realität" könnte auch bedeuten, dass die Wirklichkeit verloren gegangen ist. Das trifft zu. Kann man diese Realität durch Suchen wiederfinden? Nein, denn sie ist verloren, endgültig verloren. Es gibt zwar Überlebende, aber mit dem deutsch-jüdischen Leben der Vergangenheit ist die Gegenwart überhaupt nicht zu vergleichen, weder quantitativ noch qualitativ. Deutschland hat diese deutsch-jüdische Wirklichkeit in den Jahren 1933 bis 1945 vernichtet, in millionenfachem Blut ertränkt.

Der „hässliche Jude" ist keine Erfindung des widerwärtigen Julius Streicher und seines Hetzblattes *Der Stürmer*. Eine der ältesten Darstellungen des „hässlichen Juden" findet man am sogenannten Christusfenster der Minoritenkirche in Regensburg. Dort martert der „hässliche Jude" Jesus an der Säule. Das Bild dieses im 14. Jahrhundert gemalten Juden unterscheidet sich kaum vom Stürmerjuden des 20. Jahrhunderts.[4]

Die „Judensau" ist sicherlich das widerwärtigste, wenngleich nicht das älteste der historischen Zerrbilder. Als Schimpfwort mussten es Juden seit dem 13. Jahrhundert oft erdulden. Dass es aber die „Judensau"

[4] Nur am Rande erwähnt bleiben soll das viel ältere, aus dem ersten nachchristlichen Jahrhundert stammende Bild der Juden als „Christusmörder" und dessen Wirkung. Dieses Zerrbild kann man beispielsweise im Johannes-Evangelium finden.

als wirkliches Machwerk (manchmal sogar kunstvoll, doch deswegen beileibe kein Kunstwerk) seit dem 13. Jahrhundert gab, ist weniger bekannt. An zahlreichen Kirchen und Kirchenportalen konnte oder kann man eine solche „Judensau“ bestaunen: In Freising, Magdeburg, Salzburg, Regensburg, in Frankfurt am Main, auch in Mailand am Domportal, nie versteckt, sondern ganz im Gegenteil gut sichtbar.

Eine der vulgärsten Beschreibungen, die wir kennen, stammt von Martin Luther. Sein Feingefühl gegenüber den Juden war seit 1523 ohnehin nicht sonderlich ausgeprägt. Vorher hatte er die Juden vergeblich für die Reformation umworben. Aus Enttäuschung wurde Hass. Er beschrieb die seit 1305 an der Südseite der Pfarrkirche von Wittenberg prangende „Judensau“ mit folgenden Worten: „Es ist hie zu Wittenberg an unser Pfarrkirchen eine Sau in Stein gehauen, da liegen junge Ferkel und Jüden unter, die saugen. Hinter der Sau stehet ein Rabin, der hebt der Sau das rechte Bein empor, und mit seiner linken Hand zeucht er den Pirtzel über sich, buckt und guckt mit großem Fleiß der Sau unter den Pirtzel in den Talmud hinein, als wollte er etwas scharfes und sonderliches lesen und ersehen, daselbsther haben sie gewisslich ihr Schemhamphoras.“[5]

Wie ehrenwert und vorbildlich dagegen das Gegenbild der Aufklärer, das Gegenbild Lessings, also *Nathan der Weise*; 1783 trat „Nathan“ auf die Bühne. Dieser Nathan ist die Personifizierung von Aufklärung und Toleranz, ein großartiger Mensch. Ein Mensch? Ein Übermensch![6]

[5] Vgl. Bienert, W., *Martin Luther und die Juden. Ein Quellenbuch mit zeitgenössischen Illustrationen, mit Einführungen und Erläuterungen*, Frankfurt/M. 1982, S. 164f.; Luther, M., *Vom Schem Ha Mphoras und vom Geschlecht Christi*, 1543, zitiert aus: Fuchs, E., *Die Juden in der Karikatur. Ein Beitrag zur Kulturgeschichte*, München 1921, S. 114. Hervorzuheben ist die Tatsache, dass die Stadtkirchengemeinde der Lutherstadt Wittenberg am 9. November 1988 unterhalb der sogenannten Judensau ein Mahn- und Bußzeichen anbrachte. Es trägt die Aufschrift: „Gottes eigentlicher Name / Der Geschmähte Schem-Ha-Mphoras / den die Juden vor den Christen / fast unsagbar heilig hielten / starb in sechs Millionen Juden / unter einem Kreuzeszeichen.“ Superintendent Steinwachs, A., Wittenberg: *Doch nicht vergeblich*, in: Luther (= Zeitschrift der Luther-Gesellschaft), 1988, H. 3, S. 109. Dort auch die Argumente für und wider das Entfernen der „Judensau“ selbst. Zur Datierung der „Judensau“ von Wittenberg ebd.; zur „Judensau“ allgemein Fuchs.

[6] Der „Nathan“ ist Lessings Hymne auf seinen jüdischen Freund Moses Mendelssohn. Zweifellos war Mendelssohn eine höchst eindrucksvolle Persönlichkeit, doch Lessing dürfte ihn im „Nathan“ künstlerisch überhöht haben.

Dem alten, hässlichen und verzerrten jüdischen Unmenschen, ja, dem jüdischen Nichtmenschen (Stichwort: „Judensau") wurde der jüdische Übermensch gegenübergestellt. Dem Zerrbild wurde nun das Idealbild vom Juden entgegengehalten. Das war löblich, bewundernswert, aber unrealistisch. Kaum ein Mensch, ob Jude oder nicht, kann dem Ideal eines solchen Übermenschen entsprechen. Ein derartiges Idealbild programmiert bestenfalls Enttäuschungen. In der Regel wird es heftige Gegenreaktionen hervorrufen. Genau das geschah: „Das soll der Jude sein?" fragten höhnisch die alten und neuen Antisemiten, und sie machten sich unverzüglich daran, ein alt-neues Gegenbild zu zeichnen, ein alt-neues Feindbild. Julius Streichers *Stürmer* hatte im 19. und 20. Jahrhundert zahlreiche Vorläufer und Konkurrenten, aber das nationalsozialistische Hetzblatt war sicherlich ein neuer Höhepunkt des jahrhundertealten antijüdischen Zerrbildes.

Im Zeichen der Umerziehung, der sogenannten Vergangenheitsbewältigung, und der meist wirklich aufrichtigen Bemühungen um mehr als finanziell-außenpolitische „Wiedergutmachung" entstand in West-Deutschland nach 1945 ein neues Judenbild; ein alt-neues Judenbild. Man schaue hin und erkenne den Nathan, „Nathan den Weisen". Dass Menschenverachtung durch Feindbilder zur Menschenvernichtung führe, war eine Lehre aus der Geschichte. Wie reagierte man? Wieder wurde aus dem einstigen jüdischen Unmenschen ein jüdischer Übermensch. Juden und Judentum, zunächst – bis 1967 oder bis zur Ölkrise – auch Israel und Israelis wurden vom amtlichen Deutschland geradezu heiliggesprochen. Nach außen zumindest, denn hinter vorgehaltener Hand, hinter den Kulissen, im kleinen Kreis sozusagen, wurde nicht nur ein realistisches, sondern manchmal auch ein polemisch-überzogenes Bild gezeichnet."[7]

Eine neuerliche Steigerung der Fast-Heiligsprechung deutscher Juden war Anfang 1988 die Trauerfeier für den verstorbenen Direktoriumsvorsitzenden des Zentralrates, Werner Nachmann. Die hohen und höchsten Vertreter der Bundesrepublik Deutschland sprachen

[7] Vgl. für Belege z. B. Wolffsohn (Anm. 3)

über ihn nur Gutes und Bestes. Bald stellte sich heraus, das es fast nur Schlechtes und Schlechtestes, jedenfalls Kriminelles, über ihn festzustellen gab. Was geschah nun? Der Jude als Mensch wurde entdeckt. Landauf, landab rauschte es im Blätterwald ganz anders: Der Heilige, der Engel war gefallen, zum Menschen geworden, zum „Menschen wie du und ich", wie Juden überhaupt eben Menschen seien.

Warum hatte man zuvor aus dem Menschen stets einen Fast-Heiligen gemacht? Warum wurde zuvor hinter den Kulissen ganz anders geredet und geschrieben als nach außen? Weil man glaubte, dem alten Zerrbild wieder einmal nur ein Idealbild entgegenhalten zu können, entgegenhalten zu müssen. Weil man Angst vor der Realität und dem Realbild hatte. Dabei kann allein Realismus die Realität bewältigen, geschichtliche Last bewältigen, Vergangenheit bewältigen.[8] Gut gemeint ist nicht gut gemacht. Und noch schlechter ist das gut Gemeinte gemacht, wenn zwischen dem, was nach außen und dem was nach innen gesagt wird, ein erheblicher Unterschied besteht. Ganz offen wurde nämlich schon damals in internen Briefwechseln oder Besprechungen die autoritäre, autokratische und undemokratische Führungsweise vieler deutsch-jüdischer Gemeinden erwähnt.[9] In den fünfziger Jahren zum Beispiel sprang der unbeschreibliche Hochmut der sogenannten deutschen Juden gegenüber den sogenannten Ostjuden ins Auge. Mit Hilfe christlich-deutscher Behörden versuchten deutsche Juden die ungeliebten Glaubensgenossen aus Osteuropa auszumanövrieren.[10]

[8] Vgl. hierzu aus der Sicht französischer Juden, die diesen Ansatz teilen, die Zeitschrift *Passages*, Paris, Februar 1989. „Es gibt jüdische Gauner. Und es gibt jüdische Intellektuelle, die Gauner sind. Man darf nicht zögern, sie zu kritisieren", nur weil sie jüdisch seien, schreibt der Herausgeber, der jüdisch-französische Soziologe Ariel Lindenberg (zitiert nach: Altwegg, J., in: FAZ v. 25. Februar 1989). – Bezeichnenderweise wird ein realistisches Judenbild auch in der diasporajüdischen sowie israelischen Welt eher von Außenseitern oder organisatorisch-politisch Außenstehenden gezeichnet. Man denke an die Bücher Ahron Appelfelds (*Badenheim; Tzili*), Jurek Beckers (*Jakob der Lügner, Der Boxer*), an die in gewisser Weise auch zum jüdischen Milieu gehörende Irene Dische (*Fromme Lügen*). Sehr lesenswert im allgemeinen Zusammenhang hierzu Reich-Ranicki, M., *Über Ruhestörer. Juden in der deutschen Literatur*, erweiterte Neuausgabe, Stuttgart 1989, insbes. S. 48-54.

[9] Für Belege vgl. Wolffsohn (Anm. 2). Demnächst lege ich weitere Aufsätze mit Dokumenten zu diesem Thema vor. Vgl. auch Wolffsohn, M., *Das deutsch-israelische Wiedergutmachungsabkommen von 1952 im internationalen Zusammenhang*, in: VfZ, 1988, H. 4, S. 691-731 (mit zahlreichen Belegen).

[10] Wolffsohn (Anm. 3), S. 146ff.

Man wusste von der Weisung des damaligen Direktoriums des Zentralrates der Juden in Deutschland, dass die *Allgemeine Jüdische Wochenzeitung* keine Beiträge von bestimmten unbequemen innerjüdischen Kritikern abdrucken oder über diese berichten durfte.[11] Man sprach, schrieb oder bedauerte hinter deutsch-christlichen Kulissen diese Tatsachen. Man beklagte sie hinter verschlossenen Türen, weil man den Antisemiten keine Argumente liefern wollte … Man empfand Unbehagen, weil man eigentlich davon überzeugt war, dass Bürger- und Menschenrechte unteilbar sind, für alle gelten, für Juden und Nichtjuden. Gerade weil man ein neues, ein demokratisches Deutschland aufgebaut hatte und festigen wollte, empfand man die historisch bedingte deutsche Toleranz gegenüber der damaligen gemeindlich-jüdischen Intoleranz als prinzipiellen Widerspruch. Man floh in eine Radio-Eriwan-Haltung: „Im Prinzip ja, aber …". Entscheidend ist: Aus Angst, in die vermeintlich „antisemitische" Ecke gedrängt zu werden, wagte man es nicht, diese Missstände auch öffentlich zu registrieren oder gar zu kommentieren.

Auf Werner Nachmann folgte Heinz Galinski. Ein heftiger, zorniger – weil durch und in Auschwitz verbitterter – gallenbitterer, ungeliebter, unbeirrbarer, doch absolut unbestechlicher Mann. Das öffentlich-deutsche, doch nie öffentlich geäußerte Bild von Heinz Galinski entsprach fast haargenau dem „Bild vom Juden" und „vom Judentum" an sich: dem vermeintlich „jüdischen Rachgeist" und „jüdischen Rachegott". Statt vom „jüdischen Rachegott" sprechen auch tatsächlich oder vermeintlich große deutsche Geister (wie Jürgen Habermas und Oskar Lafontaine) vom „alttestamentarischen Rachegott". Ob sie es wissen oder nicht: Indem sie das heiligste der den Juden Heiligen Bücher als Quasi-Rachdrehbuch wortbildlich verzerren, verletzen sie

[11] Das betrifft seit dem Herbst 1988 zum Beispiel auch den Autor dieses Aufsatzes, der kurz zuvor noch vom Bundespräsidenten das Bundesverdienstkreuz für seine Bemühungen um die Verständigung von Juden und Nichtjuden in Deutschland sowie für seine wissenschaftlichen Arbeiten über deutsch-jüdisch-isrealische Themen verliehen bekommen hatte. Der Vorsitzende des Direktoriums des Zentralrates der Juden in Deutschland, Werner Nachmann, dessen kriminelle Aktivitäten nach seinem Tod entdeckt wurden, verhängte 1982 über Professor Julius H. Schoeps „Schreibverbot". Begründung: Schoeps hatte 1982 einen Aufruf unterschrieben, in dem Israels Einmarsch in den Libanon verurteilt wurde. Außerdem lebe Schoeps in „Mischehe" mit einer Christin. Nur wer ein Vorbild sei, dürfe in der Allgemeinen Jüdischen Wochenzeitung veröffentlichen und vor Gremien der jüdischen Gemeinschaft in der Bundesrepublik sprechen.

die heiligsten Gefühle der Juden – wenn diese, trotz Säkularisierung, religiöser Gefühle fähig sind. Ganz abgesehen davon ist das Adjektiv „alttestamentarisch“ ebenfalls ein verzerrendes Wort und als solches ein Zerr„bild“. Das richtige, weil unpolemisch deskriptive Wort(-Bild) heißt „alttestamentlich“[12]. Man denke an die Worte „Neues Testament“, „neutestamentlich“, nicht „neutestamentarisch“.

Unabhängig von der Beurteilung seiner Persönlichkeit, Rache war nie Galinskis Thema oder gar Ziel. Das sagt einer seiner wenigen, damals schärfsten und offen-öffentlichen Kritiker. Gegen massiven Druck der diasporajüdischen und israelischen Welt hatte nämlich Galinski jüdisches Leben in Deutschland „nach Auschwitz“ ideologisch gerechtfertigt, praktisch-politisch durchgesetzt und entscheidend gestaltet. Nicht „Rache“, sondern – ganz anders als das übliche Bild – deutsch-jüdische Gemeinsamkeit wollte er. Das unrealistische, öffentliche Galinski-Bild wurde gedanklich auf „die Juden“ übertragen: hart, unversöhnlich, rachsüchtig.

Nach der Bitterkeit und Strenge Galinskis registrierte die breite deutsche Öffentlichkeit von 1992 bis 1999 dankbar und erleichtert den sprühenden Charme seines Nachfolgers Ignatz Bubis. Bubis, nein – so das plötzlich neugemalte Bild – „die Juden“, konnten locker, witzig und charmant sein. Bubis „konnte auch anders“ (diese Pinselstriche fehlten im öffentlichen Bild), doch wenn er wollte, versprühte er Charme, und in der Öffentlichkeit wollte er meistens. Er wollte, nicht zuletzt wohl auch, um sehr reale, dunkle Punkte auf seinem teils selbst gemalten Bild unkenntlich werden zu lassen. Hinter vorgehaltener Hand tuschelte nämlich ganz Deutschland, dass die vielbesungene „Moralische Instanz“ des deutschen Landes in ihrem früheren und gegenwärtigen Alltag nicht ganz so moralisch, vorbildlich handele. Das war eine diplomatische, freundliche Umschreibung der Realität. In den Bubis-Nachrufen fand man 1999 dergleichen Realbilder nicht; nur das Idealbild der übermenschlichen „Moralischen Instanz“. Sancta Simplicitas! Sancta?

[12] Ob das Wort „alttestamentarisch“ eine nationalsozialistische Wortschöpfung ist oder nicht, muss uns hier nicht beschäftigen.

Zum Kern der Dinge, „Nichts Neues unter der Sonne“: wieder die Kluft zwischen Schein und Sein, zwischen Bild und falschem, weil entweder verzerrendem oder idealisiertem, Abbild.

Man glaubt es nicht, aber es stimmt trotzdem. Auf der Suche nach der Realität sind Fortschritte im deutsch-jüdischen Bereich vermelden: Sie sind weniger der deutschen als der jüdischen Seite zu verdanken, denn Bubis' Nachfolger, Paul Spiegel und Charlotte Knobloch, hängten die Ansprüche an sich selbst und die Aufgaben der deutschjüdischen Gemeinschaft niedriger. Konkret: Sie präsentierten bzw. präsentieren sich nicht ständig als „Moralische Instanz“ und werden dadurch auch nicht immer wieder als solche dargestellt. Das Bild von ihnen und damit auch ihrer Gemeinschaft sieht wieder anders aus, diesmal eher realistisch. Erleben wir eine grundsätzliche oder nur eine zeitlich, persönlich, stilistische Änderung? Warten wir ab.

Israelbilder - deutsche und israelische

Die Suche nach der deutsch-jüdischen Realität sollte sich nicht nur auf deutsche Juden beschränken. Sie muss auch das deutsch-israelische Verhältnis umfassen. Die große Mehrheit der bundesdeutschen Gesellschaft hat sich nach anfänglicher Distanz, die wohl vornehmlich zunächst mit Befangenheit erklärt werden kann, in den Jahren 1967 bis 1981 geradezu in eine Israelbegeisterung gesteigert. In Israel war nun alles gut, schön und richtig, ja geradezu ideal: Juden und Araber, orientalische und euroamerikanische Juden; alle Israelis lebten, so das idealisierende Klischee, völlig einträchtig miteinander, nicht nur nebeneinander. Sogar die Besatzungspolitik in den 1967 von Israel eroberten Gebieten galt lange als aufgeklärt und friedensstiftend.

Unschwer erkennen wir, wie das Idealbild vom Juden und vom Judentum nun auf den jüdischen Staat übertragen wurde. Das war wohlgemeint und historisch verständlich, aber es war nicht realistisch und beiden Seiten nicht dienlich; auch nicht dem Konflikt zwischen Israel und den Palästinensern.

Es gab freilich zu diesem Idealbild seit 1967/68, vor allem bei der sogenannten Neuen Linken, später bei den Grün-Alternativen (Ausnahme Joschka Fischer seit 1994, aus welchen Gründen auch immer) und in der SED-DDR ein Gegenbild. Dieses Bild war für die SED und bei vielen Neulinken und Grün-Alternativen zwar anders, aber auch nicht realistisch. Israel wurde nun als „faschistisch" bezeichnet, mit den Nationalsozialisten oder wenigstens mit dem Apartheidregime in Südafrika verglichen und in der Fratze des Killerstaates gezeichnet, also überzeichnet und verzeichnet. Bald gehörte es zum guten Ton, nicht nur südafrikanische, sondern auch israelische Waren zu boykottieren. Dieser Zerrbild-Antiisraelismus hat sich von der grünalternativen Szene zu anderen Rändern hin verlagert. Man erinnere sich an Graffiti in der Hamburger Hafenstraße, Ende der 1980er Jahre.

Bis zur DDR-Wende im Herbst 1989 zeigte das *Neue Deutschland* dieses Israelbild unaufhörlich. Danach gab es – auffallenderweise – sachliche Berichte und Reportagen. Unverkennbar war sogar ein gewisses Buhlen um Israel ab dem November 1989. Die SED wollte mit Hilfe Israels und der jüdischen Diaspora die deutsche Zweistaatlichkeit zementieren: Realismus aus Opportunismus.

Seit 1981 folgte in allen politischen und ideologischen Gruppen der Bundesrepublik Deutschland Israel gegenüber Ernüchterung und Distanz. Die alles andere als friedenstiftende Siedlungs- und Palästinenserpolitik der israelischen Regierungen seit Menachem Begin sowie seine antideutschen Rundumschläge haben gewiss auch dazu beigetragen.

Es wäre analytisch falsch und außerdem ungerecht, wollten wir mangelnden Realismus gegenüber den Juden und Israel nur den Deutschen oder überhaupt Nichtjuden nachweisen. Auch Juden und Israelis selber leiden unter diesem fehlenden Realismus – auf sich selbst bezogen. In meinem Buch *Ewige Schuld?* (1988) habe ich versucht, besonders die Weltsicht der deutschen Juden zu beschreiben. Auf eine vereinfachende Formel gebracht: Es bestand (und besteht heute weniger) eine grobe Gegenüberstellung zwischen der jüdischen und der nichtjüdischen Welt.[13] Die jüdische Welt war die Welt des Lichtes, die Welt des Guten, der nichtjüdische Kosmos die Welt des Schattens, des Schlechten. Diese Weltsicht ist historisch und psychologisch verständlich. Sie entsprach jedoch schon Ende der 1980er Jahre nicht mehr oder nicht mehr ganz der Realität.

Ähnlich damals und heute das oft in Israel zu beobachtende Klischee in Bezug auf die internationale Staatenwelt. Wieder auf eine vereinfachende Kurzformel gebracht, heißt es: „Die ganze Welt ist gegen uns. Das war so. Das ist so. Das wird so bleiben." Auch diese Sicht entspricht bestenfalls nur einem Bildausschnitt, nicht dem tatsächlichen Gesamtbild.

Israelis und Juden leiden aber nicht nur an der Außenwelt. Sie leiden auch an sich selbst. Nach der jahrhundertelangen, ja, der Jahrtausende währenden Verfolgung und Unterdrückung schworen sich die zionistischen Gründungsväter und Gründungsmütter: „*Wir* werden nach all dem Leid eine bessere, eine gerechtere, eine menschlichere Gemeinschaft in Zion aufbauen." Die Meßlatte wurde willentlich und wissentlich sehr hoch gelegt. Zu hoch, denn so hoch gesteckte Ideale lassen sich nicht verwirklichen. Früher und deutlicher als die meisten hat dies der bedeutende deutsch-jüdisch-israelische Denker Gershom Scholem erkannt und formuliert: Der Zionismus habe pseudo-messianische Züge getragen, indem er Befreiung und Erlösung im Diesseits versprach.[14] Jeder Messianismus und Pseudo-Messianismus erwecke hohe, kaum erfüllbare Erwartungen. Die Enttäuschung von Juden – übrigens auch von befreundeten Nichtjuden – war daher von Anfang an programmiert. Selbst die größten moralischen, politischen, wirtschaftlichen, gesellschaftlichen und kulturellen Erfolge Israels konnten die gehegten Hoffnungen daher nie erfüllen. Das Ideal musste an der Realität zerschellen.

[13] Ebda., S. 142ff.
[14] Vgl. Scholem, G., *Zum Verständnis der messianischen Idee im Judentum*, in: Ders., Judaica I, Frankfurt/M. 1968, S. 8.

Das mag eine Erklärung für die israelische Selbstbespiegelung und Selbstkritik sowie für die häufige und manchmal auch ätzende Kritik des Auslands sein, über die man sich in Israel nicht selten beklagt. Diese Rügen aus dem Ausland sind auch – doch keineswegs nur – auf die pseudo-messianischen und durchaus wohlwollenden, aber letztlich ebenso unrealistischen Erwartungen der Juden und der Außenwelt zurückzuführen. Israel wird aufgrund der so hohen selbstgesteckten Erwartungen auch von der nichtjüdischen Welt mit hohen, höchsten und daher unrealistischen Maßstäben gemessen. Die Wurzel dieser Israelkritik schmeichelt dem jüdischen Staat. Dieses grundsätzliche Wohlwollen wurde von Israel nicht immer genutzt, sondern vielfach verkannt. Auch dies ist eine Folge des mangelnden Realismus – sich selbst und anderen gegenüber.

Die sachliche Israelkritik zeigt einmal mehr, dass Bürger- und Menschenrechte unteilbar sind. Sie zeigt, dass leider auch die Nachfahren von Opfern, ja, sogar Opfer selbst, Täter werden können. Keiner ist immun! „Du sollst dir kein Bildnis machen…".

In der Bildenden Kunst haben sich „die Juden" daran gehalten. Im täglichen Leben, von Mensch zu Mensch und Volk zu Volk haben sie, „wie alle Völker" (für fromme Juden ein Horror), kräftig gegen dieses Erste Gebot gesündigt und wurden – im übertragenen Sinne – „Christen", das heißt Bild-Menschen.

„Die Christen" wurden durch ihren Weg über die Paganisierung zum bildhaften Bild, auch zum Gottes- und vor allem Jesusbild, wahrlich keine „Juden". Wie diese setzten sie sich jedoch über das Erste Gebot wörtlich und im übertragenen Sinne, von Mensch zu Mensch und Volk zu Volk, wie „die Juden", darüber hinweg. Die Kunstgeschichte verdankt dieser Gebotsübertretung unendlich viel, nein, alles. Im Dienst des Wort- und Gedankenbildes („Judensau" und „Stürmer"-Jude) wurde das Bild in der Geschichte immer wieder zum Teufelswerkzeug.

Zwischen Menschen und Völkern sollten wir uns vom Bild als Ab- und daher meistens Zerrbild lösen. Je eher, desto besser. „Du sollst dir kein Bildnis machen." Durch das Ablösen von Wort- und Gedankenbild wird die säkularisierte Welt gewiss nicht göttlich – aber menschlicher. Den Religiösen ist der Mensch „Ebenbild Gottes", also wäre eine menschlichere Welt zugleich eine gottesnahe. Die Ungläubigen begnügen sich mit der diesseitigen conditio humana und erstreben auf ihre Weise eine menschlichere Welt. Gläubig oder nicht und mehr denn je: „Du sollst dir kein Bildnis machen!"

Auszug aus Michael Wolffsohn: *Über den Abgrund der Geschichte hinweg*, München: Olzog 2012, S. 103-124.

5. Die "Judenfrage" - oder: Ist der Zionismus gescheitert?

„Die zionistische Lösung ist gescheitert. Sie ist keine Lösung." Worte des israelischen Historikers Professor Moshe Zimmermann am 28. Dezember 2023 in „Haaretz", Israels Zeitung für kluge, linke und linksliberale Köpfe. Ähnlich am Neujahrstag im Deutschlandfunk. Der auf israelischem Territorium am 7. Oktober 2023 erfolgte massenmörderische Hamas-Überfall auf Israelis, eine einzigartige Katastrophe, dokumentiere das Scheitern der zionistischen Lösung. So Zimmermann weiter und: Nun sehe jeder, dass der Zionismus sein Versprechen nicht einlösen könne, nämlich: Sicherheit für die Juden auf ihrem eigenen Staatsgebiet.

Zimmermanns These ist von fundamentaler Bedeutung für israelisches und gesamtjüdisches Sein. Seine Einschätzung ist für Freunde und Feinde Israels von Bedeutung. Sie sollte deshalb sachlich geprüft und dann, anhand der Fakten, bestätigt oder widerlegt werden.

„Zionistische Lösung". Wer oder was soll gelöst werden? Aus dem Zusammenhang ergibt sich ebenso unausgesprochen wie eindeutig: die „Judenfrage". Das weckt nicht nur bei Historikern diese Gedankenverbindung: Lösung – Judenfrage – Endlösung der Judenfrage. Diese Wortwahl ist unglücklich.

Historisch falsch ist die Behauptung, der Zionismus hätte den Juden Sicherheit auf ihrem eigenen Staatsgebiet versprochen. Richtig ist, dass der Zionismus in seinen diversen und bis heute einander bekämpfenden Schattierungen – links, liberalbürgerlich, rechts, religiös – den Juden im erhofften jüdischen Gemeinwesen eine bzw. „die" Alternative zur jüdischen Diasporaexistenz versprach, nämlich: Sicherheit vor innenpolitischer Verfolgung, Diskriminierung und Liquidierung. Der Zionismus war die jüdische Antwort auf eben jene zweitausendjährige diasporajüdische Existenz auf Widerruf. Dieser Widerruf erfolgte stets durch die nichtjüdische Mehrheit aus einem einzigen Grund: weil diese Minderheit jüdisch war. Nach zweitausend Leidensjahren wollten die Zionisten unter der jüdischen Dauer-Minderheit (ihrerseits auch innerjüdisch eine Minderheit) nicht mehr von der Gnade ihrer nichtjüdischen Mehrheitsgesellschaft abhängen.

Institutionell wurde der Zionismus 1897 gegründet. Die nicht- bzw. vorinstitutionelle zionistisch motivierte Besiedlung des zum Osmanischen Reich gehörenden „Palästina" hatte bereits 1882 begonnen. Nach den Pogromen im zaristischen Russland, 1881. Jene ersten vorzionistischen Siedler stießen von Anfang an auf, teils bewaffneten, Widerstand einheimischer Araber. Damit hatten jene Juden nicht gerechnet. Als Reaktion bewaffneten und verteidigten sie sich. Nicht anders, ab 1905 bis zur Staatsgründung 1948, die einwandernden Frühzionisten.

Der nationale und internationale Zeitgeist hat für die vorstaatlich zionistischen Siedler einen Mode-Begriff geprägt und nennt sie „Kolonialisten" bzw. „Speerspitze des weißen, kolonialistischen Mannes", hinter dem – natürlich – eine Staatsmacht gestanden hätte. Nichts davon trifft auf die Frühzionisten zu. Sie kamen ins Osmanische Reich. Wehrlos, machtlos, ohne Rückendeckung irgendeines Staates. Der bewaffnete Kampf um, an und in jüdischen Siedlungen des späten Osmanischen Reiches sowie danach in der gesamten Ära von Britisch Palästina (1917/20 – Mai 1948) gehörte zum zionistischen Alltag.

Die britische Mandatsmacht schaukelte in ihrem Wohlwollen zunächst zwischen Arabern und Zionisten. Seit dem Frühjahr 1939, dem Vorabend des Zweiten Weltkrieges, versuchte London aus machtpolitischem Opportunismus, den Zionismus zu strangulieren. Ab 1944 begannen erst die Rechts- und ab 1946 auch die Linkszionisten gegen die Mandats-, de-facto-Kolonialmacht Großbritannien gewaltsam zu rebellieren. Antikolonialistisch und erfolgreich. Am 29. November 1947 beschloss die UNO-Vollversammlung die Teilung von Britisch Palästina. Die Zionisten akzeptierten den Teilungsplan zähneknirschend, die Führung der Palästinenser eröffnete tags darauf in und gegen Israel den Bürgerkrieg. Folglich starben auf dem Gebiet von Neu-Zion bzw. Israel Juden. Ebenso im Krieg, den Arabische Staaten am Tag nach der Staatsgründung Israels (14. Mai 1948) begannen und verloren. Doch anfangs stießen syrische und ägyptische Truppen tief in Israels Territorium vor. Wieder starben Juden in Neu-Zion. Nicht zuletzt Männer und Frauen, die nach ihrer Befreiung aus Auschwitz und anderen NS-Vernichtungshöllen sowie aus Überlebenden-Lagern in Westdeutschland direkt an die Front teils mussten, teils wollten. Immer siegten die Zionisten, sprich: Israel. Den Kriegsverlierern geschah, was Kriegsverlieren, erst recht solchen, die Kriege beginnen, in der Regel geschieht: Sie verloren Land, und ihre eigene Bevölkerung floh oder wurde vertrieben.

Trotzdem oder gerade deshalb: Echte Sicherheit, ohne Überfälle palästinensischer Guerillas oder Terroristen, gab es für die Juden Israels faktisch nie. Nicht einmal im Kernland. Im Mai 2019 probten sogar Israels Araber in Galiläa und den gemischt jüdisch-muslimischen Städten den Aufstand. Mörderische Unsicherheit, wenngleich nicht im gleichen Maße wie am 7. Oktober 2023.

Auch ideologisch, programmatisch konnten und wollten alle zionistischen Strömungen das jedermann Offensichtliche nicht verschweigen: dass Israels Juden als Juden zwar innenpolitisch nicht von nichtjüdischen Gnaden abhingen, aber außen- und sicherheitspolitisch sehr wohl. Der geistige Vater der israelischen Rechten sprach sogar von der „Eiserne Mauer“, die zum Schutz des zionistischen Gemeinwesens nötig sei. Gegen diese würden Israels Feinde solange gewaltsam anrennen, bis sie feststellen würden, dass dieses Anrennen dem eigenen Kopf schädlicher als der Mauer sei. Fazit: Der Zionismus hat sein Versprechen eingelöst.

Trotzdem bleibt diese Frage: Ist jüdisches Leben außerhalb Israels und trotz Israel nicht doch sicherer? Ja, werden viele antworten. Wirklich?

Ist es für Juden mit oder ohne Kippa, doch als Juden erkennbar an, in oder vor Synagogen, jüdischen Kindergärten, Schulen, Gemeindezentren, Klubs in Berlin (nicht nur in Neukölln) sicherer als in Tel Aviv? Sind nichtjüdische Kinder, die in Frankfurt als „Jude“ von deutschen Mitschülern gemobbt werden, sicherer als in Haifa? War die in Paris von Muslimen in ihrer Wohnung ermordete und dann vom Balkon geworfene 86-jährige Holocaustüberlebende in Frankreich sicherer als die Juden Israels am 7. Oktober 2023? Wie unsicher jüdische Existenz außerhalb Israels wieder oder nach wie vor ist, sehen, lesen, hören und erleben wir nach dem 7. Oktober 2023 täglich. Eine antijüdische Hass-und-Massen-Demonstration nach der anderen. Weltweit. Verbale und körperliche Drohungen gegen die jeweilige jüdische Minderheit gehören selbst in Westeuropa und den USA zum Alltag. In dieser Wirklichkeit ist gerade der Zionismus DIE Lösung für Juden. Die einzige Lösung. Polizei und Justiz wollen ihre Juden schützen. Sie können es offensichtlich nicht.

Jüdisches Leben ist seit rund dreitausend Jahren – also bereits tausend Jahre vor der vom Römischen Weltreich im Jahre 70 n. Chr. erzwungenen europäischen Diaspora – Existenz auf Widerruf. Die „Judenfrage“ schreit tatsächlich nach einer „Lösung“.

Die innenpolitische Lösung bietet der Zionismus, weil Juden nicht mehr von der, empirisch nachweisbar, dauerhaft instabilen und eher zyklischen, opportunistischen Toleranz oder Akzeptanz der Nichtjuden abhängen. Außenpolitisch lässt die Lösung auf sich warten. Die versuchte „Endlösung“ hätte die Judenfrage innen- und außenpolitisch nach dreitausend Jahren „gelöst“. Das wurde mit 56-millionenfachem Blut im, von Deutschland begonnenen, Zweiten Weltkrieg verhindert. Gott (?) und den alliierten Siegermächten sei Dank. Eine innenpolitisch bessere Lösung als die dreitausendjährige Existenz auf Widerruf finden die Juden allemal – im Zionismus, also in Israel.

Zuerst erschienen am 8. Januar 2024 unter dem Titel *Juden in Gefahr – Ist der Zionismus gescheitert?* auf *WELTplus*.

II. Antisemitismus

Ganze Bibliotheken wurden über den Antisemitismus geschrieben. Eigentlich ist dazu schon alles gesagt, nur nicht von jedem. Denkt fast jeder. Meinte auch ich. Deshalb besaß auch ich die Dreistigkeit, mich zu diesem Thema zu äußern.

Mir kommt es, wie stets, darauf an, die verschiedenen Schichten bzw. Sichtweisen zu zeigen.

Selbst Schlimmes wie der Antisemitismus hat eben mehrere Aspekte. Das macht Schlimmes nicht gut, aber verständlich. Und wenn man etwas versteht, hat man bessere Aussichten, dem Schlimmen gegenzusteuern. Empörung reicht nicht dazu nicht. Wie in der Medizin: Ohne richtige Diagnose keine erfolgreiche Heilung.

6. Antisemitismus – Geschichte und Gedanken

Sogar der Antisemitismus hat seine guten Seiten. Antisemitismus ist ein deutlicher Krisenindikator. Wo und wenn es ihn gibt, ist erstens etwas faul im jeweiligen Staat. Zweitens gilt historisch, empirisch: Wo und wenn es der jüdischen Minderheit gut geht, ist der jeweilige Staat zwar kein Paradies, doch insgesamt wohlbestellt – wobei die jüdische Minderheit seit jeher stets loyal, staatstragend, friedlich, volkswirtschaftlich sowie kulturell meist erfolgreicher als die übrige Bevölkerung ist. Ursache des Erfolges ist die seit rund 2500 Jahren ungebrochene Bildungs- und Leistungstradition der Juden. Weil jüdisches Leben seit rund dreitausend Jahren Existenz auf Widerruf ist, musste und hat das jüdische Kollektiv eben diese Überlebensmechanismen immer wieder und weiter entwickelt. Sie sind wettbewerbsorientiert. Nach innen und außen. Als zwiespältiger Segen erwies sich historisch der Erfolg der Juden, denn: Er weckte den Neid der Nichtjuden, den sie, im Laufe der Jahrtausende emotional, diskriminatorisch oder liquidatorisch austobten und scheinrational jeweils unterschiedlich begründeten.

Obwohl seit rund 3000 Jahren Juden unterschiedslos diskriminierend oder liquidierend, hilft die Judenfeindschaft dem Überleben des seit dem 19. Jahrhundert mehrheitlich nichtreligiösen jüdischen Kollektivs. Es wurde zur Schicksalsgemeinschaft zusammengeschweißt. Freilich auf Kosten von Millionen jüdischer Einzelopfer, Individuen. Hoch war der Preis.

Ist bereits Kritik an Juden „Antisemitismus“? Nein, denn ohne Kritik keine Kreativität. Sehr wohl antisemitisch ist jede substanziell feindliche, gegen das jüdische Individuum oder Kollektiv gerichtete Meinung oder Tat. Was Antisemitismus ist, entscheidet nicht der Wille des Treffenden, sondern die Wirkung auf den Betroffenen, sprich: den oder die Juden.

Ist Kritik an Personen, Institutionen, Entwicklungen Israels oder, althistorisch an den drei altjüdischen Gemeinwesen (die Königreiche Israel sowie Judäa 1 bis 586 v. Chr. und Judäa 2 von 538 v. Chr. bis 70 n. Chr.) antisemitisch? Die heftigste Kritik an den Monarchen und Bürgern der jüdischen Altreiche übt die Hebräische Bibel. Die Zerstörung antiker jüdischer Staatlichkeit wird dort als Gottes gerechte und von den Propheten vorhergesagte Strafe dargestellt.

Wer heute Israels Seinsrecht bestreitet oder bekämpft, ist antisemitisch. Warum? Weil Israel als Jüdischer Staat für jeden Juden der Welt die ultimative Lebens-, also Seinsversicherung ist. Ergo ist deren Entzug praktizierte Judenfeindschaft.

Womit wir bei der fundamentalen Unterscheidung zwischen dem „nur" diskriminierenden und dem liquidierenden Antisemitismus (inklusive Antiisraelismus) wären. Diskriminierender Antisemitismus ist offenbar unausrottbar. Daran werden selbst „Antisemitismusbeauftragte" und millionenschwere Demokratie-Programme nichts ändern.

Die diskriminierende Judenfeindschaft ist wenigstens nicht lebensgefährlich, die liquidierende ist mörderisch. Wie jeder Mord muss er verhindert oder bestraft werden. Weil ihn Nichtjuden meistens nicht verhindert haben, wurde 1897 der Zionismus und 1948, als dessen Konsequenz der Staat Israel gegründet – als Zufluchtsort vor innen-, nicht vor außen- oder regionalpolitischen Bedrohungen.

An den diskriminierenden (jiddisch: „den guten Alten Risches"; Rischess jiddisch für Bosheit) Antisemitismus haben sich „die" Juden in Geschichte und Gegenwart gewöhnt. Den innenpolitisch liquidierenden kann letztlich allein Israel verhindern oder bestrafen. Selbst die europäischen Regierungen können (oder wollen?) aus ideologischen- und nahostpolitisch-demografischen Gründen langfristig ihre jüdischen Bürger (Quetschdeutsch „Mitbürger") nicht konsequent genug schützen. Womit wir wieder bei Israel als innen(!)politische Lebensversicherung aller Juden wären. Dass Juden in Israel außen-

und regionalpolitisch nicht in Sicherheit leben, beweist einmal mehr die Blutorgie der Hamas vom 7. Oktober 2023.

Das historisch nachweisbar einzig Gute, geradezu Tröstliche, am mörderischen Antisemitismus ist dies: Dessen langfristige, objektive Wirkung entsprach gott(?)lob nicht dem subjektiven Willen der Judenfeinde. Der liquidierende Antisemitismus hat, noch mehr als der diskriminierende, nach individuellem Massenleid und -mord das jüdische Kollektiv geradezu wiederbelebt. Wie „Mephisto" wirkt Judenfeindschaft als „Kraft, die stets das Böse will und stets das Gute schafft". Auch das zeigt der Gaza-Krieg. Bis zum 7. Oktober 2023 zerfleischten sich Koalitions- und Oppositionsanhänger regelrecht. Der Hamas-Mordrausch einte sie.

Antisemitismus in der polytheistischen Antike

Vereinfacht, doch richtig: Eine antik-inner- oder postägyptische „Erfindung" ist der Antisemitismus. Das monotheistische Judentum ist nämlich eine spätere Variante des im 14. vorchristlichen Jahrhundert von Pharao Echnaton und seiner (bildschönen, viel bekannteren Frau) Nofretete eingeführten Ein-Gott-Glaubens. Diese theologische Revolution gegen den Polytheismus war zugleich eine soziologische und ökonomische. Sie führte zum Sturz der traditionellen Priesteraristokratie. Die Konterrevolution folgte bereits kurz nach Echnatons Tod. Die Erinnerung an ihn und seine Ein-Gott-Lehre wurde verdammt und scheinbar vergessen. Nicht ganz, denn die um 1200 v. Chr. entstandene winzige Judengemeinschaft auf dem judäischen Bergland übernahm wesentliche Echnaton-Inhalte. Relativ unumwunden räumt die Hebräische Bibel, besonders in „Exodus", diesen historisch-faktischen Hintergrund ein, freilich fiktional und religiös verklärend: Der gute Pharao – das war Echnaton, sein Vize Josef, Sohn von Stammvater Jakob. Dem guten Herrscher folgte der judenhassende Pharao. „Er kannte Josef nicht", heißt es in Exodus. Natürlich, denn inzwischen galt in Ägypten, bezogen auf Echnaton und seine Religion, das Gebot des Vergessens. Man übersehe nicht: Moses war ein ägyptischer Name. Und wuchs er nicht am Hofe des (guten) Pharao auf? Den fliehenden Juden setzte der böse Pharao nach. Und so weiter. Eindeutig ist die Fiktionalisierung des Faktischen. Historisch bedeutete das: Nicht militärisch, sondern theologisch-ideologisch war die Ausstrahlung des antiken Judentums gefährlich. Ebenso für die Polytheismen Mesopotamiens. Dafür steht fiktional-biblisch die Abrahamsgeschichte. Abraham stammte aus dem Zweistromland und brach „auf Gottes Geheiß" im Bibel-Buch Genesis nach Kanaan auf. Die altjüdischen Königreiche „Israel" und „Judäa" waren sozusagen die ersten Opfer des Antijudaismus, der noch lange nicht – sachlich falsch – „Antisemitismus" genannt wird, denn auch Araber sind Semiten.

Der antike Hellenismus und das alte Rom nahmen den jüdischen Monotheismus eher gleichmütig hin – sofern er nicht das Herrschermonopol von (meist) König oder Kaiser infrage stellte. Genau das aber wagten eher partikularistische Juden immer wieder – nicht jedoch die vielen universalistischen. So kam es besonders vom zweiten vor- sowie bis ins zweite nachchristliche Jahrhundert zu großen jüdischen Aufständen gegen ortsfremde Besatzer-Hellenisten und -Römer samt ihren einheimischen, oft jüdischen, universalistischen Parteigängern in Judäa, Mesopotamien, Ägypten, Libyen und auf Zypern. Sie wurden, mit Ausnahme des Makkabäerkrieges, alle blutigst niedergeschlagen und bewirkten 70 n. Chr. das Ende jüdischer Staatlichkeit im „Heiligen Land". Gerne beteiligten sich außerhalb Judäas, besonders in Handelszentren und Hafenstädten wie Alexandria, an den, heute würde man sagen: antijüdischen Pogromen einheimische Kaufleute und Fernhändler. Ihnen war die jüdische Konkurrenz, wie mehr als tausend Jahre später im nennchristlichen Europa, ein Dorn im Auge sowie ein Stich ins geldgierige Herz. Scheinreligiöse, ökonomische und soziologische Antisemiten-Kontinuität im Wandel der Zeiten. Ebenso das konstante Muster: ruhige Zeiten auf Widerruf bis zu den nächsten Diskriminierungen und Liquidierungen.

Nicht zu vergessen die Rolle der Intelligenz: Antijudaismus gehörte zum schlechten „Guten Ton". Zum Beispiel bei Cicero oder Tacitus. Der staatlichen Macht lieferten sie den Antijudaismus der Gebildeten. Auch diesem Muster sollten die Juden bis heute immer wieder begegnen. Dass Bildung vor Antijudaismus schütze, ist ein Märchen. Bildung ist überall und immer begrüßenswert, aber leider kein Schutzwall gegen Antijüdisches.

Antisemitismus in der nennchristlichen Welt

Ebenfalls alles andere als ungebildet waren die Evangelisten, der Apostel Paulus sowie die anderen Autoren des Neuen Testamentes. Je später die Texte verfasst, desto größer Distanz und Polemik gegenüber Judentum und Juden. Historisch war ihr Antijudaismus zwar gewiss nicht moralisch, doch strategisch, religionspolitisch nahezu unverzichtbar. Bis, grob gerechnet, ins vierte nachchristliche Jahrhundert rangen die führenden Frühchristen um die Frage: Sind wir eine Variante bzw. Gruppe im Judentum oder eine andere Religion? Weil der als Jude geborene und gekreuzigte Jesus bekanntlich verkündet hatte, „kein Komma" am (jüdischen) Gesetz ändern, sondern im Geist des Gesetzes handeln zu wollen, lag nichts näher als diese Frage. Allgemein gilt: Wer Neues etabliert, muss sich vom Alten abgrenzen. Im Besonderen: Die antijüdische Polemik der neuen, christlichen Religion war strategisch unverzichtbar. Dadurch wird sie freilich nicht moralisch, aber analytisch verständlich.

Die Würfel waren gefallen, nachdem Roms Kaiser Konstantin („der Große") die Weichen gestellt hatte. Das Christentum war bald Staatsreligion, das staatliche Gewaltmonopol stand ihm zur Seite. Die Religion des Schwachen und Gekreuzigten wurde Weltmacht. Wenig überraschend, dass an der antijüdischen Front der nennchristlichen Welt für Jahrhunderte Ruhe einkehrte, denn: Einen scharfen theologischen Wettbewerb hatte das Christentum gar nicht nötig.

Soziologisch, ökonomisch, politisch und – als Überbauphänomen – theologisch endete die nennchristliche Friedfertigkeit im späten 11. Jahrhundert. Im Investiturstreit bekämpften sich das Papsttum als religiöse und die weltliche Monarchie bis aufs Messer. Volkswirtschaftlich vernünftig, weil profitabel, hatten Fürsten und Könige die Juden unter ihren Schutz genommen. Antijüdische Militanz der Kirche war daher machtpolitisch geboten, um die Monarchen zu schwächen. Dieses eher teuflische als christliche Kalkül der Kirche wurde, folgerichtig, theologisch, sprich: heuchlerisch legitimiert, die jahrhundertelange antijüdische Offensive eröffnet. Ihr „theologischer" Höhepunkt war 1215 das Vierte Laterankonzil.

Ein zweites Instrument nutzte das Papsttum seit 1096: Kreuzzüge. Kein Papst zog mit, wohl aber so mancher Monarch und Fürst, der Juden geschützt hatte und bald nicht mehr schützen konnte, weil er im (schein)Heiligen Krieg fiel. Die Ritter zogen gen Heiliges Land, wo sie sich wenig ritterlich als Juden- und Muslimenmörder hervortaten, der mörderische Pöbel wählte den bequemenden Weg des Judenmordens. Statt ins ferne Heilige Land zu ziehen, knöpften sie sich die einheimischen Juden vor. Besonders am Rhein, in den alten Römerstädten Mainz, Speyer und Worms. Dass die einst mit den Römern nach Germanien und Gallien gezogenen Juden dort bereits länger als die meisten Germanen gelebt hatten, rettete sie (natürlich) nicht.

Bemerkenswert ist dabei nicht nur die erwähnte Soziologie der örtlichen im Gegensatz zu den in die Ferne ziehenden Judenmördern, sondern auch die Schichtenzugehörigkeit der wenigen Judenbeschützer. Hier versuchten häufiger – nicht immer – die weltlichen und (!) geistlichen Oberschichten, Monarchie und Aristokratie, die Juden zu schützen. Warum? Weil sie trotz ihrer theologischen Distanz zu den Juden die auch ihnen selbst drohende Gefahr durch die losgelassenen Unterschichten erkannten. Jene judenmörderischen Unterschichten mordeten weniger aus religiösen als vielmehr aus soziologischen und ökonomischen Motiven. Das breite Spektrum von Vor- und Unter-Bürgertum bis zur späteren Bourgeoisie und Großbourgeoisie erweist sich seitdem als anfälligste Gruppe für Antisemitismen.

Genauer: Die theologisch antijüdische Großoffensive wurde seit dem späten 11. Jahrhundert – bis eigentlich heute, wie einst in der Antike, getragen von Unterschichten, die fürchteten, weiter abzusteigen, sowie von der Konkurrenz aus Handel, Gewerbe und schließlich dem Großteil der Wissensmilieus. Auch die moderne Bourgeoisie wollte sich der erfolgreicheren, sprich: jüdischen Konkurrenz entledigen. Sie stieß aus Eigennutz zu den Reihen der heterogenen Antisemiten. Sie lief mal mit, mal nach, mal vor – und machte mit oder schickte Andere vor, um sich nicht die Hände zu beschmutzen. Das überließ die feine Gesellschaft dem Pöbel.

Weil gebildeter als Nicht- oder Unterbürgerliche, verzierte die Bourgeoisie ihren Opportunismus – bezogen auf die leidende Zielgruppe der Juden: ihren Antisemitismus mit Klügeleien verschiedenster Art. Bis ins Zeitalter der Aufklärung meist theologisch, danach ideologisch und seit dem späten 19. Jahrhundert zunehmend biologistisch. Die letzte Variante haben Hitler & Mitverbrecher 6-millionenfach perfektioniert.

Das allmählich anwachsende Bürgertum übte seit dem Hochmittelalter zunehmend Druck aus. Sowohl auf Fürsten und Könige als auch Kaiser und Kirche. Um retten, was zu retten war, verzichteten sie oft und schnell auf den Schutz ihrer Juden. Bürgerlicher Ungehorsam gefährdete ihre Macht, er lohnte nicht den volkswirtschaftlichen und Eigengewinn durch Judenschutz. Der Reigen der Judenvertreibungen war eine Folge. Er begann (Zufall oder nicht?), wie seit dem ersten Drittel des 19. Jahrhunderts bei der Industriellen Revolution, im Westen Europas und verlief ostwärts. König Edward I. von England war der erste Monarch Europas, der 1290 die Juden aus seinem Reich vertrieb. Ein regelrechter Vertreibungsschub setzte ab 1348 mit der Pestepidemie ein. Die Juden „waren schuld“, hieß es. Die heutige Forschung weiß: Juden waren von der Pest weniger betroffen. Der

Grund: Ihre religiösen Reinheitsgebote wirkten auch, was „Wunder", medizinisch präventiv.

König Kasimir III. (der Große) von Polen war klüger als seine westeuropäischen „Kollegen", denen die Judenvertreibung wirtschaftlich massiv schadete. Er öffnete den vertriebenen jüdischen Massen aus dem heutigen Frankreich und Deutschland die Tore seines Landes, welches zur europäischen Großmacht aufstieg. Nicht allein wegen, doch sicher nicht trotz der Juden. Ein klassischer Beleg von vielen für die eingangs formulierte These: Wenn und wo es den Juden gut geht, geht es auch dem Land gut.

Nach den frühneuzeitlichen Kriegen, wie dem 30-jährigen ab 1618, oder Bürgerkriegen, wie dem englischen Mitte des 17. Jahrhunderts, setzte sich diese Erkenntnis bei intelligenteren Herrschern durch. Oliver Cromwell erlaubte 1655 den Juden die Rückkehr nach England, und Preußens Großer Kurfürst nutzte die Dummheit des Habsburger Monarchen Leopold I., der die Juden 1670 aus Wien vertrieben hatte – und lud sie in sein durch den 30-jährigen Krieg total ge- und zerschundenes Brandenburg ein. Sie kamen, wie ab 1685 die aus Frankreich von Ludwig XIV. weggejagten Hugenotten. Brandenburgs Aufstieg begann. Das bürgerliche Wien war 1670 erleichtert und dankte dem Kaiser für die Judenvertreibung mit der Umbenennung des einstigen Judenviertels in „Leopoldstadt". 1673 Katzenjammer: Der Stadtsäckel war leer, und bekanntlich hausen leere Kübel übel. Daraus folgt – nicht nur bezogen auf das damalige Wien –, sondern auch auf NS-Deutschland und andere Judenhasser oder Mörder: Nur die dummen Kälber wählen ihren Metzger selber.

Nichts Neues in Neuester Geschichte und Gegenwart: Der Rechtsextremismus serviert oder variiert den nationalistisch ideologischen, ökonomischen und biologistischen Judenhass; der Linksextremismus ideologisch, internationalistisch, ökonomisch, scheinmoralisch und nahostpolitisch („die" Palästinenser als Opfer „der" Juden); der militante Islam argumentiert wie einst das Christentum „religiös" und heute nahostpolitisch. Womit wir beim Antijudaismus der Islamischen Welt wären.

Antijudaismus in der Islamischen Welt

Das sind die Quellen des Islamischen Antijudaismus: der frühislamische und bis heute wirksame, die zeitgeschichtlich politischen Konflikte in und um das Heilige Land sowie ökonomische und soziologische Interessen. Der dritte Faktor ist menschlich, allzu (un-)menschlich und keineswegs spezifisch islamisch.

Die antijüdische Polemik im Frühislam, sprich: im Koran sowie in der mündlichen Überlieferung (Sunna) und der quasi kanonisierten Biografie des Propheten Mohammed muss, ebenso wie die antijüdische Polemik frühchristlicher Schriften und Handlungen, mehr historisch politisch als theologisch eingeordnet werden. Wer Neues will, muss sich vom Alten abgrenzen, gegebenenfalls polemisch. Das in der Frühphase politisch strategisch Notwendige entfaltet, wieder wie im christlich-jüdischen Bereich, eine Eigendynamik. Sie gehört dann zum Dauer„instrumentarium" im theologischen und erst recht politischen Wettbewerb, gar Machtkampf. Und einen Machtkampf zwischen den frühen Muslimen und den ebenfalls einheimischen Juden auf der Arabischen Halbinsel sowie insgesamt im vorderasiatischen Raum gab es sehr wohl. Ihn gewannen im Orient, wie im Okzident, die Nichtjuden, hier die Muslime. Sie bedenken im Koran, zum Beispiel in Sure 5, Vers 60, die Juden einerseits als „Affen und Schweine". Andererseits wird, ebenfalls im Koran, nicht bestritten, dass Gott den Juden das Heilige Land versprochen habe – mit einer entscheidenden Einschränkung, die jedoch den Vorhersagen der alttestamentlichen, jüdischen Propheten absolut gleicht: Wenn die Juden Gottes (im Koran Allahs) Gebote nicht befolgen, haben sie das Recht aufs Land verwirkt. Ihre Umkehr würde zur Rückkehr führen. Nachlesbar, mit Belegen und Kommentaren, in meinem Buch *Wem gehört das Heilige Land?*.

Es ist in der Islamischen Welt eine fromme und in der christlichen und vielen anderen Welten eine teils rücksichtsvolle, teils ahnungslose Legende, dass es der jüdischen Minderheit in islamischen Staaten oder Reichen sehr viel besser als im christlichen Abendland ergangen wäre. Wie überall und immer, wenn Menschen einander bekämpfen, waren ökonomische Interessen dominant und die Verlierer bekannt: Juden. Für Belege verweise ich, der Raumknappheit geschuldet, auf mein Buch *Eine andere Jüdische Weltgeschichte*. Ein fundamentaler Unterschied besteht. Etwas dem 6-millionenfachen Judenmorden auch nur annähernd Vergleichbares gab es in der Islamischen Welt nie. Selbst die unvorstellbar tierische Mord-und-Blutorgie der Hamas an israelischen Juden am 7. Oktober 2023 vergleicht man nicht mit dem Holocaust. Auch Höllen müssen analytisch unterschiedlich gewichtet werden. Für die Ge- und Betroffenen besteht freilich kein Unterschied, ob sie in Großhölle eins oder Kleinhölle zwei ermordet wurden.

Es bleibt dabei: Jüdisches Leben war und ist Existenz auf Widerruf. Wenn Nichtjuden das ändern wollen – was nach dreitausend Jahren angebracht wäre – reichen weder Tränen noch Worte. Taten sind gefragt. Juden und Israel haben keine Wahl. Sie werden, wie eh und je, trotz Antisemitismus überleben müssen. Die Nichtjuden haben die Wahl zwischen Toleranz und Akzeptanz von Juden und Israel oder dem selbstverschuldeten Verlust loyaler, kreativer und ihren Wohlstand mehrender Bürger. Nur dumme Kälber wählen ihren Metzger selber.

Drucklegung vor Erscheinen im *Magazin* des *Tagesanzeigers Zürich*.

7. Jüdische Existenz – Wo und wie?

Leben ist mehr als Überleben. Jeder Mensch will leben. Im antiken und israelischen Neu-Zion rund tausend Jahre als regionalstaatliche Minderheit sowie in der zweitausendjährigen Diaspora war der Jüdische Mensch dankbar, wenn man ihn sie überleben ließ. Wenn man, wo und wann auch immer, Juden existieren ließ oder bevor man sie nicht nur diskriminierte, sondern liquidierte, schufen und schaffen sie in ihrem Leben für sich und andere menschheitsgeschichtlich erstaunlich Bemerkenswertes: intellektuell und kulturell, wissenschaftlich, wirtschaftlich oder gesellschaftlich. Nicht, weil sie „intelligentere Gene" als andere Menschen hätten, sondern weil sie – zunächst normativ individuell, dann gesellschaftlich gesteuert – erheblich früher und breiter als die Nachbarn ihrer Mehrheitsgesellschaft, ihre Lern-, Lehr- und Bildungstradition schufen und pflegten. Volksbildung wird in allen jüdischen Gemeinschaften seit ungefähr 2.500 Jahren geboten – wenn man die Juden eines natürlichen Todes sterben lässt. Aufgrund ihrer längeren, intensiveren und extensiveren Bildungs- sowie Leistungstradition sind sie dann erst recht erfolgreicher als ihre Konkurrenz. Das wiederum provoziert Neid, nicht selten Hass und schließlich, im ersten Schritt Diskriminierung, im zweiten Liquidierung. Und ewig dreht sich das Rad der Geschichte …

Daraus folgt erstens: Jüdisches Leben war, ist und, ich fürchte, bleibt Existenz auf Widerruf. Den jüngsten Beweis lieferte die Wut-Blut-und-Mord-Orgie der Hamas am 7. Oktober dieses Jahres. Die darauffolgenden, globalen und lebensgefährlichen Überschwappeffekte auf Diasporajuden sind jedermann bekannt.

Aus dem Gesagten abgeleitet, muss zweitens gefragt werden: Wo waren und sind Juden sicher, wo werden sie sicher sein? Die Antwort: Juden sind nirgendwo sicher und werden es auch künftig nicht sein. Wohin? Wer weiß es?

So entsetzlich alle Widerrufe jüdischer Existenz in dreitausend Jahren waren – der furchtbarste wurde aus und in Berlin konzipiert sowie organisiert. Es folgte jedes Mal eine kollektive Wiederauferstehung. Voller Lebenslust mit Geist und Seele. Der Geist bzw. der jeweilige Inhalt jüdischer Existenz sei beschrieben und reflektiert. Ich betrachte dabei den Zeitraum seit Israels Gründung im Jahre 1948 bis und seit dem Blutbad vom 7. Oktober 2023. Schließlich sei ein Blick in die jüdische Zukunft gewagt.

Meine bisherigen Thesen vorab. Jüdisches Sein, also nicht nur jüdisches Dasein, verstanden als jüdische Existenz bzw. jüdisches Überleben, sei nur in folgenden Varianten möglich: Erstens in Israel als Israelismus. Zweitens als Orthodoxie in Israel und der Diaspora und drittens als jüdisches Nichts, also als reines Überleben. Das Liberale bzw. Reform-Judentum erfüllte dabei drei Funktionen. Funktion eins: Es war für Individuen sowie Gruppen die letzte Station vor der Abkehr vom Jüdischen Geist oder Funktion zwei: Es ermöglichte die Rückkehr zum Jüdischen Geist oder Funktion drei: Es hielt die Juden auch inhaltlich im Jüdischen Geist. Ist meine dreiteilige These noch zu halten?

Die Jüdische Diaspora

Wir blicken zuerst auf die Jüdische Diaspora, dann auf den Jüdischen Staat. Die zunehmende Ent-Israelisierung der Diasporajuden ist eine Folge der innerjüdischen Spaltung in Israel. Sie betrifft die Palästinenser- und Siedlungspolitik, die Theokratisierung, die „Orientalisierung" sowie die „Russifizierung" Israels. Sie bewirkte den Ruck nach rechts, zum Nationalismus und zur militanten Ausprägung der Religion in Israels Gesellschaft. Dieser Wandel entspricht nicht dem Geist der jüdischen Diaspora. Abgeschwächt und doch deutlich erkennbar spiegelt der Diasporageist den antiheroischen, areligiösen und eher supranationalen Zeitgeist derjenigen westlichen Staaten wider, in denen die jüdische Diaspora am häufigsten zu finden ist.

Die jüdische Diaspora hat sich vom Jüdischen Staat re-emanzipiert. Anders als bis in die frühen 1980er Jahre besteht sie auf Partnerschaft unter Gleichen. Damit wird sie gesamtjüdisch scheitern, denn als Reaktion auf die weltweit zunehmenden „klassisch"-christlichen und postchristlichen Antijudaismen, den islamischen Terror sowie die Ohnmacht besonders der westeuropäischen Staaten, ihre Juden erfolgreich zu schützen, hat in jüngster Zeit – bereits vor dem 7. Oktober 2023 – eine Re-Judaisierung als Re-Israelisierung bzw. ein neuer Judenexodus begonnen. Dieser wird sich massiv verstärken. Wohin? Nach Israel. Doch sind sie dort sicher? Wo sind Juden sicher? Auch in Israel nicht. Aber es besteht bezüglich der israelischen Unsicherheit auf der einen Seite und der diasporajüdischen auf der anderen Seite ein fundamentaler Unterschied: In der Diaspora sind die Juden als Juden – egal, ob religiös oder säkular – innenpolitisch bedroht, in Israel außenpolitisch.

Vor islamischem Terror sind die Juden auch in Israel nicht sicher, doch sie wissen: Wenn überhaupt ein Staat seine Bürger schützen kann und will, weil die Gesellschaft dessen Gewaltmonopol billigt und Polizei sowie Militär als Teil ihres Wir wahrnimmt, dann Israel.

Die Re-Israelisierung der Juden hängt ebenfalls mit einem weltweit zunehmenden militanten Antizionismus bzw. Antiisraelismus zusammen. Dessen Träger sind wahrlich nicht nur Muslime. Antizionismus ist weit mehr als Israelkritik. Diese richtet sich gegen Maßnahmen der Jerusalemer Regierung, jener gegen das Existenzrecht Israels und gilt „scheinbar „nur" Israelis, tatsächlich schwappt er auf „die" Juden über. Für diese These bedarf es nach dem 7. Oktober 2023 keiner Einzelnachweise mehr. Die Überschwappeffekte auf Europa und die USA sowie dort an die Elite-Universitäten, einst „Judenhochburgen", kennt nun jeder.

Der Anfang des vorletzten Exodus war die Endphase der Sowjetunion um 1990/91. Rund eine Million Juden strömten seitdem aus dem neuorthodox-christlichen, „klassisch" antijüdischen Russland (plus Ukraine, Weißrussland, GUS-Staaten) nach Israel.

Knapp 40.000 verfolgte Juden (Falaschas) wurden seit den 1980ern aus dem christlich-muslimischen Äthiopien gerettet. Seit 2000 emigrierten, als Reaktion auf islamische Gewalt und staatliche Ohnmacht, etwa 150.000 von einst ca. 600.000 Juden aus Frankreich nach Israel. Wie in Frankreich ist auch in Deutschland physisch und verbal die islamische Gewalt massiver als die ebenfalls unbestreitbare rechts- oder linksextreme. Linksextremistische Antisemiten brüllten 2014 – also lange vor dem 7. Oktober 2023 – zusammen mit Islamisten „Juden ins Gas". Wohlgemerkt, „Juden" nicht „nur" Israelis wurde und wird gebrüllt. Scheinbar harmlosere Varianten sind seit dem 7. Oktober 2023 passé.

Bezüglich Islam und Massenmigration war bis zum 7. Oktober 2023 die diasporajüdische Gemeinschaft gespalten. Die einen sagten: „Unsere Vorfahren waren ebenfalls Flüchtlinge und Migranten. Hilfe ist humanes Gebot." Die anderen konterten: „Stimmt, aber sollen wir freiwillig potentielle Judenhasser aufnehmen?" Staatliche Repräsentanten verdammen Antisemitismus, aber relativierten die empirisch begründete jüdische „Angst vor dem Islam". Oft wurde die reale Gefahr überzuckert oder regelrecht geleugnet. Seit dem 7. Oktober schrumpfte der Anteil jüdischer – und nichtjüdischer – Befürworter muslimischer Einwanderung dramatisch.

Großbritannien war schon vor dem 7. Oktober 2023 eine Hochburg der massiv antizionistischen BDS-Bewegung. Sie hat sich dem politischen und wirtschaftlichen Kampf gegen Israel verschrieben. Es fehlte nicht viel und die Labour Party unter Jeremy Corbyn hätte die Regierung übernommen. Umfragen zufolge wollte in der Corbyn-Ära ein Drittel der Juden auswandern. Nach dem 7. Oktober 2023 demonstrierten Hunderttausende gegen die „jüdischen Mörder" in Israel. Steht jetzt auch hier ein jüdischer Exodus bevor? Wohin? Israel.

Aber …

Verbale und körperliche Gewalt gegen Juden gehört inzwischen zum Alltag der jüdischen Minigemeinden Schwedens, besonders in Göteborg und Malmö. Die Folge: Diese Stadt ist inzwischen fast „judenrein". Antijüdische Funken flogen schon vor dem 7. Oktober 2023 von Schweden nach Dänemark.

Pittsburgh, USA, Sabbatgottesdienst, 27. Oktober 2018: Elf Menschen werden erschossen, zahlreiche schwer verletzt. Der Mörder brüllt: „Alle Juden müssen sterben." An den Universitäten studieren heute die Entscheider von morgen. Immer mehr junge Akademiker sowie der linke Flügel der Demokraten-Partei sympathisierten – bereits vor den Massenmorden der Hamas – mit der antiisraelisch-antijüdischen BDS-Bewegung. Die langfristigen Folgen dieser Entwicklung im Kleinen für die große Politik sind jedem offensichtlich. Selbst in New York, lange die Hochburg der US-Juden, denn: Ein zunehmend wachsender Teil der jungen, gebildeten und wohlhabenden US-Juden ist dem Judentum sowie Israel gegenüber weitgehend indifferent. Doch der seit den 2010er Jahren erstarkte oder zumindest aktivere und militantere linke sowie rechte Antisemitismus schienen schon vor dem Mega-Terror der Hamas eine Wende oder zumindest Korrektur anzudeuten. Eine im Herbst 2021 durchgeführte Umfrage des American Jewish Committee ergab, dass 90 Prozent der US-Juden inländischen Antisemitismus „für ein Problem" hielten. In der allgemeinen Bevölkerung waren es nur 60 Prozent. Gleichzeitig betrachteten Amerikas Juden Rechte zu 91 Prozent sowie Islamisten zu 86 Prozent als antisemitische Gefahr, doch mehr als noch ein Jahr zuvor sahen sie auch eine wachsende Gefahr von Linksextremisten: 2020 sahen das 61 Prozent, 2021 bereits 71 Prozent. Noch düsterer dürfte das Bild nach dem 7. Oktober 2023 sein.

Argentinien beherbergt die größte jüdische Gemeinschaft Lateinamerikas. Bis heute unternahmen fast alle Politiker alles – auch einen Mord am recherchierenden Generalstaatsanwalt –, um die Iran-Connection des Terroranschlages gegen das Jüdische Gemeindezentrum von Buenos Aires im Juli 1994 zu verheimlichen. 87 Menschen wurden damals ermordet, über 100 verletzt.

In Australien leben derzeit 120.000 Juden. Auch dort gab es schon islamistische Verbal-Attacken und Anschläge gegen jüdische Ziele.

Was bedeutet das globale Szenarium für Diasporajuden heute und morgen? Die Antwort bedingt zunächst einen Blick nach innen. Während in Israel etwa 30 Prozent der Juden im Sinne der religiösen Gebote leben – Tendenz aufgrund der hohen Geburtenrate steigend –, beträgt der Anteil religiöser Juden in der Diaspora nicht mehr als zehn Prozent. Die Synagogen sind sogar an den hohen Feiertagen (Neujahr und Jom Kippur) eher spärlich gefüllt. Unverdrossen bauen (aus schlechtem Gewissen) besonders deutsche Kommunen neue Synagogen, um zu beweisen, wie gut sie es mit „den" Juden meinen. Nennenswerten Zulauf verbucht allein die inzwischen auch quantitativ beachtliche modern-orthodoxe und seelsorgerisch vorbildliche „Chabad"-Bewegung sowie die relativ immer noch kleine Gemeinschaft des Liberalen Judentums.

Das bedeutet: Jüdischer Geist bzw. jüdische Inhalte sind für die erdrückende Mehrheit der Diasporajuden ein Nichts. Ihr Jüdisch-Sein ist fremdbestimmt – allein durch die postchristlich rechten und linken sowie die islamischen Gefahren von außen. Nur Orthodoxie und Reformjudentum sichern dem Diasporajudentum eine jüdische Zukunft. In der allgemein weitgehend a- und antireligiösen Gegenwart von Diasporajuden und Nichtjuden hat das Liberale Judentum strukturell besonders günstige Entwicklungschancen – bei denjenigen Juden, denen allein jüdisches Dasein bzw. Überleben nicht genügt und die jüdisches Sein bzw. jüdisches Leben suchen.

Allerdings schwächt die innerjüdische Demografie in Diaspora und Israel das Liberale Judentum strukturell. Fokus USA: Noch gehört die große Mehrheit der amerikanischen Juden zum Liberalen Judentum. Doch kinderreicher sind die Orthodoxen. Was das für die religiöse Orientierung der Diaspora bedeutet, versteht sich von selbst. Zum Zeitpunkt x sind liberales und orthodoxes Judentum gleich stark, langfristig wird die Orthodoxie am stärksten.

Rund 65 Prozent der Juden leben derzeit in der Diaspora. Wer sich als Diasporajude an Israel orientiert, versteht sich als „Zionist" und praktiziert Israelismus. Doch Israelismus außerhalb Israels ist eine Lebenslüge und daher Absurdes Theater.

Wer weder religiös und kulturell noch israelistisch lebt, erlebt als Diasporajude nur die jüdische Situation ohne genuin jüdische Inhalte. Sie ist negativ durch klassisch-religiöse, rechts- und linksideologische sowie – noch mehr als vor dem 7. Oktober 2023 – durch die islamische Judenfeindschaft geprägt – also nur negativ fremdbestimmt.

Israel

Zwischen 30 und 40 Prozent, je nach Indikator gar 50 Prozent der jüdischen Israelis sind auf die eine oder andere Weise religiös oder orthodox. Das bedeutet: In Bezug auf jüdische Inhalte ist Israel in zwei Lager gespalten. Gespalten und regelrecht verfeindet. Wir blicken in die Zukunft.

Die talmudischen Weisen lehren in Berachot 57 b: Drei Dinge genieße der Körper: das Baden, das Salben und „Taschmisch", auf Deutsch: Beischlaf. Und weiter: Drei Dinge bieten einen Vorgeschmack auf die Kommende Welt: Sabbat, Sonne, Beischlaf. Offenbar bekamen die Talmudisten Angst vor der eigenen erotischen Courage: Zu viel Körperfreuden, zu wenig Keuschheit und Geist. Sie ergänzten: Weil Beischlaf zur Abmagerung führe, sei „Taschmisch" als Urinieren zu verstehen. Urinieren als Vorgeschmack auf die Freuden der Kommenden Welt? Nicht sehr überzeugend, weder allgemein noch im Text-Zusammenhang. Selbst für orthodoxe Juden. Sie verstehen daher den Talmud richtig, wenn sie besten Gewissens dem Beischlaf frönen und ein Kind nach dem anderen in die Welt setzen. Klarer als im Talmud wird die demografische Dynamik der Orthodoxie durch das an den biblischen Nicht-Juden Noah, also an die gesamte Menschheit gerichtete, biblische Gebot in Genesis 9 gerechtfertigt: „Seid fruchtbar und mehret euch!" Anders als die meisten Menschen auf der Nördlichen Erdhalbkugel erfüllen die orthodoxen Juden artig den göttlichen „Auftrag".

Der Exkurs in die Welt des orthodoxjüdischen Eros erklärt einerseits die demografische Dynamik der israelischen sowie der diasporajüdischen Orthodoxie und andererseits die große Chance des Liberalen Judentums. Wenn auch die säkularen jüdischen Israelis das Jüdische im Jüdischen Staat nicht nur mit Floskeln, sondern mit Inhalten füllen und den Orthodoxen nicht das Monopol auf Jüdisches überlassen wollen, haben sie nur einen Adressaten: das Liberale Judentum.

Das gilt umso mehr, als die orthodoxen Juden weitgehend nur auf den eigenen jüdischen Bauchnabel schauen. Sie haben also ein, teils sogar extrem partikularistisches, ge- und verschlossenes, rein jüdisches Weltbild. Ganz anders das Weltbild der weltlichen Juden in Israel und in der Diaspora. Es ist eher offen und universalistisch, verbindet also Jüdisches mit der großen, weiten Welt. Nicht nur mit und als Volk Israel, sondern – auf Augenhöhe, und nicht von oben nach unten, als Teil der Menschheit.

Nach der Blut-Orgie der Hamas vom 7. Oktober 2023 suchen gewiss viele säkulare Juden in Israel ebenso wie in der Diaspora wieder verstärkt die Nähe zu Juden und Jüdischem. Das ist strukturell die Goldene Gelegenheit für das Liberale Judentum sowie die beste, ja, einzig echte Brücke zwischen der jüdischen und nichtjüdischen Welt in Israel und der Diaspora. Ein Lichtblick für Juden und Nichtjuden in aller Welt. Erst recht in dieser nach dem 7. Oktober 2023 so tiefdunklen Welt. Ich jedenfalls wünsche dem Liberalen Judentum viel Erfolg und werde dabei weiter versuchen, mit meinen sehr begrenzten Mitteln zu helfen. Doch wo sind die Juden sicher? Orthodoxe ebenso wie liberale? „The answer, my friend, is blowin' in the wind."

Dankesrede anlässlich der Verleihung des Israel-Jacobson-Preises, Berlin, 19. November 2023.

8. Die nützlichen Idioten der Antisemiten

Erheblich älter als Corona ist die Judenfeindschaft als Pandemie oder als ewige Sucht. Kein Impfstoff weit und breit. Entziehungskuren blieben und bleiben wirkungslos. Ebenso Heinrich Heines genialwitziger Spott über Judenfeindschaft als Obsession. In seinem Gedicht „Donna Clara" kommt die lüstern Schöne trotz Liebeslust nicht von den „gottverfluchten Juden, die den Heiland boshaft tückisch einst ermordet" los. „Lass den Heiland und die Juden", wiegelt der unbekannte Ritter „freundlich kosend" ab. Vergeblich. Auch „die Mohren" verfluchte Donna Clara. Tugendrat, an die Front: Heine korrigieren! „Lass die Mohren und die Juden", flehte der liebeshungrige Ritter. Sie ließ nicht locker. Dem Triebe zum Trotz. Dann: Schluss mit Liebe: Er gibt sich zu erkennen – als „Sohn des vielbelobten, Großen, schriftgelehrten Rabbi Israel von Saragossa."

Wir bleiben in der Szene der Kulturschaffenden Deutschlands. Nebenbei: Diesen Begriff haben Nazis und DDR salonfähig gemacht. Am 10. Dezember 2020 attackierten die vermeintlichen Spitzen der deutschen Kulturinstitutionen den Anti-BDS-Beschluss des Deutschen Bundestags vom 17. Mai 2019. Dieser hatte dazu aufgerufen, BDS oder Gruppierungen, die dessen Ziele verfolgen, die finanzielle Unterstützung des deutschen Steuerzahlers sowie die Vergabe von kommunalen Räumen zu verweigern. Jene Pro-BDS-Kritiker beriefen sich auf Artikel 5.3 Grundgesetz. Dieser garantiert die Freiheit der Kunst, Wissenschaft, Forschung und Lehre. Am 11. Dezember 2020 verabschiedete der Bundestag das neue Budget. Darin wird keinem BDS-Partner Geld verweigert. Hinter den Kulissen und ganz leise gelang dieser Coup einer von Norbert Röttgen mit angeführten, überparteilichen Parlamentariergruppe. Auf Filzpantoffelart schaffte sie es, dass der Bundestag seinen eigenen BDS-Beschluss vom Mai 2019 aufhob. Ein machiavellistisches Meisterstück Röttgens, der – freilich unter Aufgabe der Post-Holocaust-Ethik Konrad Adenauers

– dessen später Nachfolger als CDU-Vorsitzender und Bundeskanzler werden möchte.

Machiavellistisches Meisterstück 2 war das Timing von „Kultur"-Protest und Budgetverabschiedung. 10. Dezember „Kultur"-Protest, 11. Dezember Budget. Der scheinethische Segen der Kultur- für die Politik-„Elite" – auf Kosten jüdischer Empfindungen und der bislang in Bundesdeutschland dominanten Post-Holocaust-Ethik, denn: „Taktvollerweise" gingen die Kulturfürstinnen und -fürsten am ersten Tag des jüdischen Lichterfestes Chanukka an die Öffentlichkeit.

Frage 1: Ist BDS „antijüdisch"? Frage 2: Sind die BDS-Freunde und -Unterstützer „Antisemiten"? BDS verlangt scheinbar „nur" Boykott, Desinvestitionen und Sanktionen gegen den Jüdischen Staat. Im oft übersehenen oder meist verschwiegenen Kleingeschriebenen fordert BDS die Rückkehr der – heute rund 7 Millionen – palästinensischen Flüchtlinge von 1947/48 und 1967 samt ihrer Nachfahren. Für Israel eine demografische Atombombe. Das wäre so, als würde Deutschland heute die Rückkehr der 12 Millionen Ostflüchtlinge, inklusive Nachfahren, verlangen. Ein Unding, es sei denn man meinte, „Schlesien, das Sudetenland, Königsberg usw. sind unser". Die Rückkehr der noch heute so genannten Flüchtlinge würde strukturell das Ende Israels als Jüdischer Staat bedeuten. Weil Israel „im Fall der Fälle" für jeden Juden eine (Über-)Lebensversicherung ist, entzöge das Ende des Jüdischen Staates jedem Juden – unabhängig von der Intensität seines religiösen oder identifikatorischen Judeseins – jegliche existentielle Sicherheit. Wie notwendig gerade sie ist, erkennt man am Neu-Exodus der französischen Juden. In den vergangenen 20 Jahren sind rund 100.000 von knapp 500.000 wegen der zunehmend auch mörderischen Gewalt gegen Juden nach Israel ausgewandert. Ein ähnlicher Trend zeichnet sich in Deutschland ab. Nicht erst seit dem neonazistischen Anschlag auf die Synagoge von Halle am 9. Oktober 2019, sondern als Reaktion auf muslimische Wort-und-Tat-Gewalt (nicht nur) gegen Juden. Freundlich begleitet wurde sie von Linksextremisten, die nichts dabei fanden, als Palästinenser im Juli 2014 auf dem

Berliner Kurfürstendamm „Juden ins Gas!" forderten. Gab es damals einen Aufschrei derselben deutschen Kultur-„Elite", der dem wuchtigen Protest vom Dezember 2020 vergleichbar wäre? Stimmchen waren zu hören, keine Stimmen.

BDS wäre gegen Gewalt heißt es. Richtig ist: BDS lädt Terroristen wie Leila Khaled ein. Sie werden bejubelt. Deutschlands Kultur-„Elite" lehnt verbal den BDS-Boykott Israels ab, sieht jedoch durch den Bundestagsbeschluss vom Mai 2019 die Freiheit der Wissenschaft gefährdet und nennt BDS-Befürworter wie Achille Mbembe wichtige Stimmen im weltoffenen, kritischen Dialog. Kein Wort darüber, dass BDS, an britischen und amerikanischen Universitäten eine Meinungsmacht, ständig gegen die Wissenschaftsfreiheit verstößt. Teils mit körperlichem „Nachdruck" werden systematisch israelische Wissenschaftler oder deren Partner am Reden gehindert, Spitzenforscher ausgeladen, boykottiert oder ihr Wirken sabotiert. So verkommt Wissenschaft selbstverschuldet zur Dienstmagd der Ideologie. Bislang ohne körperliche Gewalt, versuchen deutsche Studenten und Akademiker dem angelsächsischen Vorbild nachzueifern. BDS agiert ähnlich wie deutsche Professoren und Studenten ab 1933, als jüdische Wissenschaftler von ihren Lehrstühlen und aus Deutschland vertrieben wurden. Zum Schaden der deutschen Wissenschaft, zum persönlichen Nutzen der weniger Qualifizierten, die nachrückend Professoren und somit willige Helfer Hitlers wurden. Jahrzehntelang litt Deutschland an diesem mitverschuldeten Wissenschaftler-Aderlass (Brain Drain). „Nie wieder!" Eine leere Phrase. Seit dem 10. Dezember 2020 mehr als zuvor.

Zurecht kontern BDS und Freunde: „Viele Juden machen bei und für uns mit, besonders in den USA und Großbritannien". Richtig. Was beweist das? Nichts. Innerjüdische „Kriege" sind, um Prediger Salomonis, einen Juden, zu zitieren „Nichts Neues unter der Sonne". Man lese die Hebräische Bibel: Waffen- oder Wort-Kriege zwischen beiden jüdischen Königreichen, Partikularisten und Universalisten, Monotheisten und Polytheisten. Man erinnere sich an den Bürgerkrieg zwischen Sadduzäern und Pharisäern im zweiten vorchristlichen Jahrhundert oder an den von Flavius Josephus beschriebenen „Jüdischen Krieg", der zugleich Bürgerkrieg und Krieg gegen die römische Weltmacht war. Baruch Spinoza, ein Genie, wurde aus der jüdischen Gemeinde Amsterdams verbannt, Zionisten und Antizionisten, später auch Zionisten, bekämpften sich bis aufs Messer. Über dreitausend Jahre hinweg pochte jede der (mindestens) zwei jüdischen Seiten darauf – im Rousseau´schen Vokabular – sowohl den „Allgemeinen Willen" der Juden als auch den „Willen aller" Juden (im Sinne des Mehrheitswillens) zu verkörpern. So auch heute, teils explizit, teils implizit. Ich verzichte auf die Nennung vieler Namen, weil es um die Sache geht, nicht um Personen. Informierte Leser werden sich auch ohne Nachhilfe des/der einen oder anderen Juden erinnern.

Deren ebenso ideal- wie realtypische Personifizierung ist die amerikanisch-israelisch-deutsch-jüdische Potsdamer Philosophie-Professorin Susan Neiman. Seit jeher ist sie eher Politaktivistin als Wissenschaftlerin. Wenige Monate nach dem Attentat von Halle empfiehlt sie in ihrem jüngsten Buch, beim Umgang mit dem Bösen in der Nationalgeschichte „Von den Deutschen (zu) lernen". Kaum überraschend: Mit den von ihr besonders gemeinten Lehrmeistern gehörte sie zu den Wortführern des Pro-BDS-Protestes. Sie zeigt sich gerne und wird erfreut vorgezeigt, wenn „Israel kritisiert" werden soll. Sie singt im Chor derer, die kontrafaktisch behaupten, dass jene Kritik unterdrückt werde und vor allem Israel den „Friedensprozess" sabotiere. Kein Wort darüber, dass Palästina-Funktionäre alle territorialen und programmiert nationalen, kompromissgeprägten Selbstbestimmungsangebote aus- oder zerschlugen, zum Beispiel: Den UN-Teilungsplan von 1947, das Camp-David-Abkommen 1978, den Israelisch-Ägyptischen Friedensvertrag 1979, den Oslo-Washington-Vertrag 1993, Premier Baraks Angebot zur Rückgabe von 97% des Westjordanlandes 2000, Israels Rückzug aus dem Südlibanon 2000, Israels Rückzug aus Gaza 2005, Premier Olmerts Angebot zur Rückgabe von 98% des Westjordanlandes mit Ost-Jerusalem als Hauptstadt eines Palästina-Staates sowie die offenen oder faktischen Friedensschlüsse 2020 mit den arabischen Staaten, die des palästinensischen Dauer-Neins überdrüssig sind. Bezüglich jener Kultur-„Elite“ gilt: „Sie haben Augen und sehen nichts, sie haben Ohren und hören nichts“ (Psalm 115 – jüdisch + christlich. In Markus 8, 18 zitiert Jesus diesen Psalmentext).

Dieses politische Spiel mit Alibijuden ist längst bekannt. Diese Juden werden von nichtjüdischen Gesinnungsfreunden als Alibi (böse Zungen sagen als „Nützliche Idioten“) benutzt, um auf ihre Gegner vermeintlich koschere Kanonen feuern zu können. Das ist weniger zynisch als es scheint, denn, wie alle Teile der Offenen Gesellschaft sind wir Juden vielschichtig und vielstimmig. Wir entscheiden eben nicht oder wahrlich nicht nur nach jüdischen Kriterien. Oft, auch tragisch, zum eigenen Nachteil. Haben nicht die meisten deutschen Juden, meine geliebten Großeltern eingeschlossen, noch nach 1933 geglaubt, alles werde „nicht so schlimm“?

Die eingangs gestellten Fragen können nun anhand der Fakten beantwortet werden. BDS-Aktivisten wollen Israel als Jüdischen Staat vernichten. Wirksam, mit oder ohne Gewalt. Damit gefährden sie unbestreitbar strukturell das Überleben aller Juden. Das kann man nur antijüdisch bzw. antisemitisch nennen. Viele und keineswegs alle BDS-Freunde und -Förderer, geschweige denn die jüdischen, sind willentlich antijüdisch. Nicht ihr subjektiver Wille, doch ihre objektive Wirkung ist antijüdisch bzw. antisemitisch. Es ist nicht die erste Fortsetzung einer Tragödie, die zur Komödie mutiert. Wer meint, Komödien wären wirklich immer lustig, irrt. Shakespeares nannte seinen „Kaufmann von Venedig“ eine „Komödie“. Tatsächlich war es die herzerschütternde Tragödie des Juden Shylock. Bleiben wir in der Welt des Theaters. Absurdes Theater, intellektuell und politisch, bieten jene deutschen Kulturinstitutionen. Sie wenden sich gegen den angeblichen Boykott von Boykottbefürwortern, die sie als „wichtige Stimmen“ im offenen Meinungswettstreit bezeichnen. Erkennen sie nicht, dass Boykott und Offenheit einander ausschließen? Sie „denken“ wohl so: Boykott ist schlecht, doch Boykott durch unsere Favoriten ist gut. Denken und Ethik à la carte.

Was steht uns bevor? Der Bayerische Verwaltungsgerichtshof hat das BDS-Raumverbot aufgehoben, die Wissenschaftlichen Dienste des Bundestags nennen es unvereinbar mit Artikel 5.1 des Grundgesetzes. Sie argumentieren buchstabengetreu, rein innerdeutsch. Sie (wollen?) übersehen, dass Israels Existenz die ultimative Überlebensgarantie auch deutscher Juden, also letztlich eben doch oder zumindest auch ein innerdeutsches Problem ist. Mit solchen sachblinden Freunden brauchen Juden keine Feinde mehr. Die bundesdeutsche Schutzwand für Juden bekommt Risse – ganz legal.

Zuerst erschienen am 13. Januar 2021 unter dem Titel *BDS und ihre Sympathisanten: Die nützlichen Idioten der Antisemiten* in der *Neuen Zürcher Zeitung*.

9. Die antisemitischen Lügen der Fachidioten – es reicht!

Es reicht. Genug des Antisemitismus, ob ausdrücklich gegen „die" Juden oder „nur" verkleidet als Antiisraelismus bzw. Antizionismus. Genug des Antisemitismus der „dummen Kerle" (August Bebel) sowie erst recht des modischen Antisemitismus in Kultur und Wissenschaft. Politik, Medien und Gesellschaft betätigen sich dabei als Nach- oder Mitläufer, jedenfalls als Multiplikatoren.

Die Milieus der formal Gebildeten sowie sprachlich oder bildnerisch Könnenden posaunen das vorhandene Wissen des eigenen Faches als Rechtfertigung ihres Schein- oder Nichtwissens im Bereich Israel, Juden, Nahost. Die 68er nannten solche gebildeten Dummköpfe „Fachidioten".

Fachidiotischen Anschauungsunterricht erhielten wir jüngst mehrfach: 2020 in der Postkolonialismus-Kontroverse um Achille Mbembe und 2021/22 während der Mammut-Veranstaltungsserie „1700 Jahre Juden in Deutschland" (321–2021).

Ohne richtige Diagnose keine erfolgreiche Therapie. Das gilt auch im Kampf gegen den Antisemitismus. Richtig ist diese Diagnose: Das lange 1700-Jahre-Fest war, abgesehen von löblicher Arbeitsbeschaffung, nicht nur ökonomisch oder pädagogisch nützlich und allgemeinpolitisch korrekt, sondern ehrlich judenfreundlich. Dass es jüdisches Leben bereits vor 321 n. Chr. in Deutschland gab, sei nur am Rande erwähnt. Gut gemeint, doch nicht recht wirksam, denn:

Richtig ist leider auch diese Diagnose: Anschauungsunterricht über den Antisemitismus der Fachidioten lieferten dieses Jahr die Kasseler „Documenta" sowie die Beiträge auf und im Vorfeld der Karlsruher Tagung des Ökumenischen Kirchenrates. Es waren nicht die ersten und gewiss nicht die letzten Belege für den im vornehmlich linken und links„liberalen“ deutschen sowie internationalen „Wissens“- und Kulturmilieu hegemonialen Antisemitismus, der sich als Israelkritik maskiert.

Warum, dies muss kurz erklärt werden, ist Antiisraelismus zugleich Antisemitismus und nicht eben nur Israelkritik? Israelkritik richtet sich, wie in und zwischen Demokratien legitim und notwendig, gegen bestimmte Personen, Parteien, Institutionen oder Koalitionen in Israel. Antiisraelismus bzw. Antizionismus richtet sich gegen die Existenz des Jüdischen Staates. Angesichts der dreitausendjährigen jüdischen Geschichte und nicht „nur“ des Holocaust, ist ein Jüdischer Staat im Fall der Fälle die quasi Lebensversicherung bzw. der letzte Rettungsanker aller Juden. Daraus folgt: Wer die Seinsberechtigung Israels bezweifelt oder gar bekämpft, entzieht den Juden, ja, allen Juden ihre Seins- und Daseinssicherheit.

Über die documenta 15 (2022) ist, ebenso wie über Mbembe und den „Postkolonialismus“ eigentlich fast alles und fast von jedem gesagt. Den Lesern sei deshalb keine zusätzliche Lebenszeit geraubt. Nur das: Wer die inzwischen leicht zugänglichen und vollkommen zurecht nicht nur als israelkritisch, sondern als antisemitisch bezeichneten Bilder von Israelis in Uniform oder Zivil (mit „typisch jüdischer Hakennase“ und Beiwerk) kennt und behauptet, sie wären nicht antijüdisch, kennt nicht die NS-„Stürmer“-Zerrbilder vom Juden oder hat schlichtweg keine Ahnung. Weder von Israel noch von Juden, allgemeindeutscher und hier besonders der NS-Geschichte, den Verbrechen der Wehrmacht und dem sechsmillionenfachen Judenmorden, bei denen der „Tod ein Meister aus Deutschland“ war. Der fand willige Helfer. Nicht nur im „christlichen“ Europa, sondern nicht zuletzt in der palästinensischen, arabischen, ja, der islamischen Welt. Wer als „Experte“ über NS-Deutschland und den Holocaust spricht, kann nicht die sekundäre Mitschuld von Orient und Okzident verschweigen und das israelische Militär auch nur annähernd mit Wehrmacht, SS und Einsatzgruppen vergleichen oder gar gleichsetzen. Wer sich nicht an diese Richtschnur hält, enttarnt sich als Nichtwissender oder nicht wissen Wollender, als platter Propagandist oder als Lügner.

Das sollte endlich ausgesprochen werden, denn es reicht. Genug ist genug, zumal nicht nur die Kulturhegemonen, sondern auch ungefähr ein Drittel der deutschen Öffentlichkeit dem absurden, weil kenntnisfreien Israel-NS-Vergleich zustimmt. Die 2022er Umfrage der Bertelsmann-Stiftung sei als Beleg genannt. Man muss nicht Punkt für Punkt das Verhalten von Wehrmacht und Zahal (Israels Streitkraft) vergleichen, es reicht eine Frage: Wo und wann hätte Israel eine „Endlösung" der Palästinenserfrage gewollt, geplant oder à la Auschwitz durchgeführt? Jene NS-Israel-Lügen erinnern an George Orwells Klassiker „1984", wo Big Brother die Parolen verbreitet: „Krieg ist Frieden! Freiheit ist Sklaverei! Unwissenheit ist Stärke!"

Die Fachidioten verkünden: Israels Besetzung palästinensischer Gebiete seit 1948 (Israels Gründung) oder 1967 (Sechs-Tage-Krieg) wäre Kern aller nahöstlichen Dauerkonflikte, in denen sich „die" (also alle) Juden mit Israel „durch dick und dünn" solidarisierten.

Fakt ist: 1947 hatte die Internationale Gemeinschaft in der UNO das britische Mandatsgebiet Palästina teilen wollen. In je einen arabisch-palästinensischen und einen jüdischen Staat. Die Zionisten sagten ja, nein die Führung der Palästinenser. Sie begann unverzüglich einen Krieg gegen die Juden. Sie verlor und rief arabische Staaten zu Hilfe. Sie verloren gemeinsam. Deutsche haben spätestens seit der Ostpolitik von Willy Brandt und Walter Scheel begriffen: Wer Krieg beginnt, riskiert nicht nur Landverluste, sondern muss auf sie dauerhaft verzichten. „Land für Frieden". Deshalb wird besonders die deutsche Nahostpolitik nicht müde, Israel diese Lehre aus der Geschichte für die eigene Politik zu empfehlen. Gesagt, getan. Nicht gleich, aber erstmals 1978/79 im Rahmen des Ägyptisch-Israelischen Friedens. Er hält bis heute. Ein Fenster zu palästinensischer Staatlichkeit wurde dabei auch geöffnet. Die PLO-Führung knallte es krachend zu und organisierte vom Dezember 1987 bis zum Spätsommer 1993 die Erste Intifada (sprich: Terror) gegen Juden im israelischen Kernland und in den umstrittenen Gebieten.

Unmittelbar nach dem Junikrieg 1967 war Israel bereit, gegen Frieden alle eroberten Gebiete zu räumen. Im August folgte die einstimmige Antwort der arabischen Staaten und der Palästinenser: Nein, nein, nein. Zu Gesprächen, Anerkennung oder gar Frieden. Damals gab es keinen einzigen jüdischen Siedler im Westjordanland, 1977 nur 4.400, zu Beginn der Ersten Intifada 85.000. Hoffnung keimte im September 1993: Israel und Palästinenser schlossen das Osloer Friedensabkommen. Da zählte man rund 200.000 jüdische Siedler. Es folgte ab 1994 Dauerterror, wobei jüdische Terroristen in Israel verurteilt wurden. Palästinensische wurden gefeiert.

Trotzdem war Israel 2001 bereit, 97% der West Bank zu räumen und Jerusalem zu teilen. Die Antwort: Intifada, Krieg Zwei. Die israelische Antwort: „Land für Frieden", Räumung des Gazastreifens 2005: Statt Frieden sofort Palästinenser-Raketen auf Israel. Teils selbst fabriziert und finanziert vom Iran und Qatar, wo sich bald der Weltfußball mit scheinschlechtem Gewissen feiert. Zwischen 2001 und morgen, im September 2008: Israel erneuerte das Angebot von 2001. Keine Reaktion, Fortsetzung des Terrors.

Bleibt die Frage: Was ist Aktion, was Reaktion, wer hat wann und wie agiert und dann reagiert? Nichts davon in der Documenta- und Postkolonialismus-Debatte. Es reicht. Erst wissen, dann reden. Das gilt für Analphabeten ebenso wie für Herrn oder Frau Professor Dr. Dr. – oder bildnerisch Schaffende, die vulgäre NS-Zerrbilder als Kunst und Aufklärung präsentieren. Natürlich ist ihre Meinung, ebenso wie jede Stümperei, grundgesetzlich geschützt, doch muss der Staat diesen bildungsbepinselten Blödsinn, der nichts anderes als antisemitische Hasspropaganda in „Stürmer"-Tradition ist und Lügen verbreitet, pekuniär und politisch fördern? Wo Blödsinn Blödsinn ist oder gelogen wird, muss man Blödsinn und Lügen benennen.

Toleranz endet, wo Intoleranz Andere gefährdet. Letztlich bereiten jene Fachidioten den Boden verbaler und körperlicher Gewalt gegen Juden. Sie sind das scheinwissenschaftliche oder -künstlerische Alibi für Antisemitismus in Wort und Tat. Das dabei wirksame „Denk"muster der zu Untaten schreitenden Antisemiten ist klar: „Wenn schon die nationale sowie internationale geistige und künstlerische „Elite" den Jüdischen Staat als Täter brandmarkt, können wir zur Tat schreiten und den Antijuden-Brand entfachen. Wir machen, was die nur denken, sagen oder malen." Messen kann man den Fachidioten-Einfluss auf antijüdische Gewalttaten der letzten Jahre freilich nicht, doch Tatserien bedürfen vorher eines (un)geistigen gesellschaftlichen Klimas. Dass diese Tatserien nicht abreißen, lässt sich nicht leugnen.

Israel wäre ein Produkt des Kolonialismus, behaupten Postkolonialisten. Das mag 1917 für die britische Balfour-Deklaration gegolten haben, die dem Zionismus Rückenwind verschaffte. Spätestens seit der Teilung „Palästinas" im Jahre 1921 zuungunsten der Zionisten blies dem Zionismus der britische Wind ins Gesicht. Die jüdische Einwanderung wurde 1924 begrenzt und 1939 faktisch ganz unterbunden. Damals lebten noch alle späteren Holocaustopfer. Schließlich bombten die Zionisten von 1944 bis 1948 die britischen Kolonialherren aus dem Land hinaus. 1948/49 versuchten Palästinenser und Araber das neugegründete Israel zu beseitigen. Britannia half ihnen, doch auch das half nicht, die „Juden ins Meer zu werfen". Das antikolonialistische Israel, ein Produkt des Kolonialismus?

Ist Israel ein „Apartheid-Staat"? Selbst Deutschlands Ex-Außenamtschef Sigmar Gabriel nannte Israel so. Aus Soli wurde ein internationaler Chor, bestehend aus lauter „ehrenwerten" Männern und Frauen, wie Sigmar Gabriel. Die anglikanische Kirche Südafrikas sowie der künftige Generalsekretär des Ökumenischen Kirchenrates, der südafrikanische Theologieprofessor Jerry Pillay, der, wie alle schwarzen Landsleute, die Pein der Apartheid bis 1994 erleiden musste, sprechen ebenfalls von Apartheid-Israel. Sie haben offenbar vergessen, dass Schwarze damals nicht im „nationalen", sprich: rein weißen Gerichtshof oder Parlament vertreten sein durften, geschweige denn, wie in Israel bis 2021 dort die drittgrößte Fraktion stellten oder, wie 2021/21, das Zünglein an der Waage der nationalen Koalition waren. Schwarze

Studenten an „weißen Universitäten“? Von wegen. Arabische Studenten an israelischen Universitäten? Selbstverständlich, Tendenz steigend. Araber in „jüdischen Bussen“? Was denn sonst. Schwarze in „weißen Bussen“? Wie bitte? Arabische Kicker in Israels Fußballvereinen oder der Nationalmannschaft? Ja. Legion sind die Unterschiede zwischen Israel und der Apartheid Südafrikas bis 1994. „Alternative Fakten“ bzw. Lügen präsentiert nicht nur Donald Trump. Das schaffen auch Sigmar Gabriel oder jene Kirchenleute mit ihren Nach- und Mitläufern.

Der große Sozialdemokrat August Bebel nannte den Antisemitismus „Sozialismus der dummen Kerle“. Heute singen im Chor der Antisemiten nicht nur dumme Kerle, sondern auch Fachidioten der vermeintlichen Elite. Wie in Andersens Märchen „Des Kaisers neue Kleider“ muss ein kleiner Junge kommen, der sieht und ausspricht, dass der Kaiser nackt ist.

Aufgrund der gegen sie gerichteten physischen und verbalen Gewalt haben seit der Jahrtausendwende ungefähr 80.000 der einst rund 500.000 Juden Frankreichs ihre Heimat Richtung Israel verlassen. Die Juden Deutschlands werden ihnen wahrscheinlich folgen, wenn der Antisemitismus der dummen und fachidiotischen Kerle nicht aufhört. Israel wird davon profitieren, Deutschland ideell und materiell verlieren.

Zuerst erschienen am 26. September 2022 in der *Berliner Zeitung*.

10. Deutschlands Pseudo-Intifada

Resignativ oder zynisch bilanziert ist Deutschlands Migrations- und Integrationspolitik inzwischen höchst „erfolgreich“: Muslimische Neu- und Mitbürger sowie Einwohner brüllten im Juli 2015 auf Deutschlands Straßen: „Juden ins Gas!“ Im Mai 2021 schreien sie: „Scheißjuden“. Anders als Gas sind Exkremente nicht tödlich. Wenn das kein „Erfolg“ ist.

Resignation und Zynismus sind angebracht. Auch Empörung. Das reicht jedoch nicht. Analyse tut not.

Ja, es gibt echte Integrationserfolge. Zum Beispiel das Ehepaar Sahin-Türeci, die Erfinder und Entwickler des Biontech Corona-Impfstoffs. Ihr deutscher Werdegang beweist: Wo ein Wille, ist ein Weg. Wie bei allen anderen Bürgerinnen und Bürgern, gleich welcher Herkunft. Die in Artikel 3 (besonders 3.3) des Grundgesetzes garantierte Gleichheit vor dem Gesetz steht nicht nur auf geduldigem Papier. Auch an andere vorbildliche Persönlichkeiten mit Migrationshintergrund sei erinnert: Necla Kelek, Seyran Ates, Cem Özdemir, Ahmad Mansour oder Hamed Abdel-Samad. Sie alle verkörpern Menschlichkeit, Offenheit. Eine *universalistische Ethik* verbindet diese neuen Deutschen mit den meisten alteingesessenen, mit anständigen Menschen schlechthin. Diese universalistische Ethik ist das Fundament jeder zivilisierten Gesellschaft.

Von dieser universalistischen hebt sich die *funktionalistische Ethik* ab. Ihr Tenor: „Ohne die Migranten bräche unsere Wirtshaft zusammen.“ Eher interessengeleitete Einsicht als Ethik. Doch Interessen müssen nicht unethisch sein. Machen wir uns nichts vor: Sie ist auch unter Einheimischen vorherrschend. Sie leitet Millionen Neu- und Altbürger, Muslime und andere. Jeder profitiert von der funktionalistischen Unentbehrlichkeit des anderen, und die Gesellschaft bleibt friedlich. „Jeder nach seiner Façon“. Konsens. Alltag.

Kein Konsens herrscht über die intellektuell empörend platte Frage „Gehört der Islam zu Deutschland?“ Millionen Muslime leben jetzt friedlich in Deutschland. Folglich gehört jetzt ihre Religion zu Deutschland. Es stellt sich diese Frage: Wie gehört es sich in Deutschland zu leben? Diese Antwort gilt für alle: *In* Deutschland sind deutsche Gesetze einzuhalten. Zur deutschen Staatsräson gehört die Bekämpfung des Antisemitismus. Wer das ablehnt, wird nicht gezwungen, hier zu bleiben, muss aber mit Konsequenzen rechnen. Erfolgen diese nicht freiwillig, hat der deutsche Staat seine Staatsräson umzusetzen. Schafft er es nicht, schafft er sich vielleicht nicht selbst ab, aber er schafft sich um und erneut inhuman neu. Die Rede ist also von einer arabisch-muslimischen Minderheit. Probleme haben, aber machen andere *Minderheiten* nicht, kaum oder jedenfalls nicht vergleichbar. Dennoch oder gerade deshalb erhält diese Gruppe als Gewaltprävention und -reaktion Integrationshilfen en masse. *Ethik*? *Fehlanzeige*. Gerichtet ist der Hass jenes Muslim-Mobs gegen Israel, „die“ Juden, „die“ Deutschen, „die“ Amerikaner, „den“ Westen“, die Offene Gesellschaft – also gegen Leben und „Würde des Menschen“ (Artikel 1 Grundgesetz).

Jener Mob greift nicht erst seit dem jetzigen Gaza-Raketenkrieg, sondern seit Jahren Juden mit Wort- und Körpergewalt an. Pseudo-Intifada in Deutschland. Weil der Juden und Israels Sicherheit (angeblich) zur deutschen Staatsräson zählt, halten jene muslimischen Gewaltaktivisten die deutsche Polizei für den verlängerten Arm der israelischen Armee und greifen sie an. Diese Friedensbrecher verunsichern Deutschlands Städte, beherrschen die Straße und benehmen sich wie eine Besatzungsmacht. Gewaltmonopol des Staates? Fehlanzeige. Am 15. Mai wurden in Berlin-Neukölln 93 Polizisten verletzt und offenbar kein einziger Randalierer. Das bedeutet: Unser Staat schützt auch unsere Beschützer ungenügend. Wie will, wie kann er dann uns alle schützen? Als 2015 Hunderttausende vor deutschen Toren standen, forderten viele Sicherheitskontrollen an den Grenzen. Das gehe nicht, konterte die Bundesregierung. Aber 2020/21 war es möglich. So schaden Staatslenker dem Staat.

Wer die Straße beherrscht, demonstriert nicht. Wer andere Menschen oder Menschengruppen als Kollektiv dämonisiert; wer gar Gewalt anwendet und randaliert, demonstriert nicht, denn „demonstrieren“ bedeutet: die eigene Überzeugung zeigen bzw. öffentlich bekunden.

Demonstrieren ja, randalieren und attackieren definitiv nein. Das besagt Artikel 8 Grundgesetz. Er garantiert Versammlungs- bzw. Demonstrationsfreiheit: (1) „Alle Deutschen haben das Recht sich ohne Anmeldung oder Erlaubnis friedlich und ohne Waffen zu versammeln. (2) Für Versammlungen unter freiem Himmel kann dieses Recht durch Gesetz oder auf Grund eines Gesetzes beschränkt werden.

Oft haben deutsche Gerichte vorhersehbar Juden und Israel dämonisierende, randalierende, andere attackierende „Demonstrationen“ trotzdem genehmigt oder Gewalttätern gegenüber milde Urteile gefällt. Das gefällt den Tätern, ermutigt sie, und sie krümmen sich vor Lachen. Zumindest Teile der deutschen Justiz können oder wollen das Grundgesetz nicht anwenden. Damit gefährden sie die zivilisatorische Grundlage unseres Gemeinwesens. Alarm! Was Wunder, dass unbescholtene Bürger und nicht nur eingefleischte Rechtsextremisten zu dem Schluss gelangen, dass unser Staat arabisch-muslimischen Tätern Sonderrechte zugesteht. Aus Protest wählen sie Rechtsextreme.
Von „allen Deutschen“ ist in Artikel 8.1 des Grundgesetzes die Rede. Viele der muslimisch-arabischen Gewalttäter sind keine Bürger, sondern nur Einwohner. Auch Einwohnern das Versammlungsrecht zu gewähren, spricht für deutsche Liberalität und Menschlichkeit. Gut so, doch verfassungsrechtlich nicht geboten. Erst recht muss man dann erwarten (und durchsetzen), dass deutsche Liberalität nicht dreifach missbraucht wird: Gastfreundschaft, Verfassungs- und Strafrecht. Wenn sich der deutsche Staat – Exekutive, Legislative, Judikative – nicht gegen Rechtsbrecher durchsetzt, schafft er sich selbst ab.

Selbstbetrug führt zur Selbstabschaffung: Es ist eine von Politik, Medien und Teilen der „Wissenschaft" verbreitete Legende, dass Rechtsextremisten die Quelle des Antisemitismus wären. Tatsächlich gibt es zwei weitere, mindestens ebenso virulente: Linksextremisten und muslimische Fanatiker. Beide bilden oft eine Allianz. In Frankreich „Islamogauchisme" genannt. Die Antisemitismus-Statistik weist rund 90% der Fälle als rechtsextremistisch aus. Das ist Selbstbetrug oder Fehldiagnose und widerspricht zudem krass den jüdischen Opfererfahrungen in ganz Europa. Ermutigt werden unsere Amtsstatistiker auch durch Islam- und Antisemitismus„experten". Diese behaupten, wider die Fakten, dass der traditionelle Islam nicht gewaltverherrlichend oder judenfeindlich wäre. Wer diese Fakten erkennt und benennt, wird als „islamophob" verteufelt.

Deutschlands „Kampf gegen Antisemitismus" besteht aus unverbindlichen Phrasen und Symbolpolitik. Wenn etwa der Bundesbeauftragte gegen Antisemitismus, Felix Klein, „aus der Rolle fällt" und nicht nur Tacheles redet, sondern entsprechend handelt, wird er quasi gesteinigt. Nicht nur in Deutschland ist der islamische, rechte und linke Antisemitismus auf dem Vormarsch, reagiert der Staat ähnlich hilflos. Ein billiger Trost. „Es ist etwas faul im Staate" – Deutschland.

Zuerst erschienen am 19. Mai 2021 auf *WELTplus*.

III. Israel und Deutschland

Die Mehrheit der Staatsbürger Israels, ca. 75 Prozent, ist jüdisch. Israel versteht sich als Staat der Juden bzw. als jüdischer Staat. Schon hier beginnt das Problem: Mehr als die Hälfte der jüdischen Israelis ist nicht religiös. Deshalb wehren sich nichtreligiöse jüdische Israelis gegen die Bezeichnung „jüdischer Staat“. Etwa 21 Prozent der Israelis sind mehrheitlich Muslime und teilweise Christen. Israel ist auch ihr Staat, denn sie sind seine Bürger. Wie aber kann ihr Staat jüdisch sein? „Staat der Juden“ heißt auch: Jeder Jude kann jederzeit einwandern. Dadurch ist Israel für jeden Juden in der Welt im Fall der Fälle, also bei Verfolgung, ein sicherer Hafen. Folglich ist das Thema Israel nicht vom Thema Judenverfolgung zu trennen und dieses Thema natürlich nicht mit der grausamsten Judenvernichtung der Geschichte der 6-millionenfachen Judenvernichtung durch Hitler-Deutschland. Wie kommen Israelis und Deutsche nach dieser Katastrophe miteinander aus? Vergessen wir nicht: Für christlich orientierte Deutsche ist Israel als Heiliges Land von zusätzlichem Interesse.

11. Heiliges Land? Israel? Palästina?

Namen. Wie Schall und Rauch? Nie. Weder in Bezug auf Menschen noch auf Staaten oder Städte. Jerusalem? Al-Kuds? Hier entscheidet man sich für die eher arabisch-islamische, dort die jüdisch-israelische Verknüpfung. Keine Namens- oder Wortspiele, sondern explosive Politik.

Man denke an unsere eigene Welt, an die deutsche, an die deutsch-polnische Geschichte: Die Deutschen nannten Danzig „Danzig", die Polen „Gdansk". Aus Chemnitz machte die DDR Karl-Marx-Stadt, und das Ende der DDR war der Neubeginn für Karl-Marx-Stadt als Chemnitz. Aus St. Petersburg wurde nach der Bolschewistischen Revolution Leningrad, und aus Leningrad wurde 1991 wieder St. Petersburg. Namen sind Inhalte, sind politisches Programm, sind Hinweise auf Sieger und Besiegte. Auch im Heiligen Land. Israel, das Land der Juden? Palästina, das Land der Palästinenser?

„Das Land". So kurz, so knapp, so klar nannten es die Juden am Ende der Epoche des Zweiten Tempels, also um die (christliche) Zeitenwende. Ja, auch vorher findet man ebenfalls Hinweise auf „Das Land". Zum Beispiel in Leviticus 19,23: „Und wenn ihr in das Land kommt..." Oder: „Und Josua nahm das ganze Land ein ..." (Josua 11,23). Aber es wurde hier eher als Abkürzung denn als Name benutzt.

Damit sollte ausgedrückt werden: Es gibt viele Länder auf der Welt, aber für uns Juden eben nur dieses eine, das „Land Israel", auf Hebräisch: „Eretz Israel", „Das Land" eben.

Die verschiedenen Teile „Des Landes" trugen auch vorher schon verschiedene Namen. Erst in jener Zeit sprach man von „Dem Land". Es knüpfte eine Einheit von Land, Volk und Religion: Israel, Juden, Judentum.

Nichts davon am Anfang. Bei den Alten Ägyptern hieß es bis zum vierzehnten beziehungsweise dreizehnten vorchristlichen Jahrhundert Retenu. Zu Retenu gehörten auch das heutige Syrien und der Libanon. Dann nannten sie es Hurru – nach den Horiten, die seit dem siebzehnten vorchristlichen Jahrhundert vor allem in Syrien lebten. Bis ins dritte vorchristliche Jahrhundert findet man in ptolomäischen Texten diese Bezeichnung.

Vom Ende des vierzehnten bis ins zwölfte vorchristliche Jahrhundert sprachen die Ägypter von P-Knaana, also von Land Kanaan. Nun endlich bewegen wir uns auf vertrauterem Boden (sofern wir uns noch an den schulischen Religionsunterricht erinnern). Es ist dieses Land Kanaan, das wir aus der Bibel kennen. Dort ist damit im engeren Sinne das Land westlich des Jordan gemeint; im weiteren Sinne auch der west-syrische Bereich. Ein kanaanitischer Stamm waren die Amoriter. Daher für einen Teil Des Landes der Name Land der Amoriter.

Suchanzeige: Juden oder Hebräer. Fehlanzeige, zunächst. Stattdessen hören wir von anderen Völkern und anderen Landesnamen für bestimmte Landesteile.

Völker kommen und gehen. Die Hebräer kamen. Und zu den Hebräern zählten auch die Israeliten, doch keineswegs nur die Israeliten. „Denn gestohlen bin ich worden aus dem Land der Hebräer“, berichtet Josef im Buch Genesis 40,15.

Die vielbeschworene und ebenso umkämpfte Einheit von Land, Volk und Religion zeichnet sich erst später ab, mit der Landnahme durch die Israeliten. Vom „Land der Kinder Israels“ ist im Buch Josua 11,22 die Rede. Hierhin führt Josua die Kinder Israels. Hier bekämpft er die ansässigen Völker, ermordet und vertreibt sie allmählich. Die Tradition der gewaltsamen Landnahme durch die Juden, von den Juden und für die Juden beginnt.

Von „Eretz Israel“, vom Land Israel, lesen wir in Samuel I 13,19. Aber hier ist nur das Siedlungsgebiet der Kinder Israels gemeint, nicht das ganze Land.

Saul, David und Salomon herrschten über das Königreich Israel, lesen wir in der Bibel. Aber die Forschung ist sich weitgehend einig darüber, daß die Bezeichnung „Land Israel“ für die Zeit Davids eine nachträgliche Bennenung sei (Chronik I 22,2 oder Chronik II 2,16). Schon zu Zeiten König Davids ist sowohl von Israel als auch von Judäa die Rede. Diese Doppelung kennzeichnet das von den Juden bewohnte Land. Schon im Buch Josua 11,21 werden allerdings sowohl Israel als auch Judäa genannt. Judäa allerdings nur als Gebirgslandschaft. Vorwegnahmen, sagt die Wissenschaft, denn erst nach dem Tod von König Salomon wird das Reich in zwei Teile gespalten: eben in „Israel“ und „Judäa“.

Keine babylonische, sondern eine jüdisch-israelische Sprachverwirrung. Sprache und Begriffe kennzeichnen aber nur die Wirklichkeit. Sie sind ein Spiegel der Wirklichkeit, nicht die Wirklichkeit selbst. Was spiegeln diese vielen, wirren Begriffe wider? Eben Verwirrung, Kampf, langen Kampf, lange Entwicklungen, politische Verwicklungen, politisch und historisch unklare oder ungeklärte Verhältnisse, Mehrdeutigkeiten. Wer behauptet, alles wäre eindeutig? Propagandisten. Das ist ihr gutes Recht. Richtig wird es dadurch noch lange nicht. Im Jahre 538 vor Christus erlaubt der Perserkönig Kyros den Juden die Rückkehr ins Land, nach Judäa. Jetzt erst bilden die Wörter „Jude“ und „Hebräer“ eine Einheit, ist also Judäa der Juden Land. Der Juden, die nach Zion zurückgekehrt waren. Als Rückkehr nach Zion bezeichnen die Juden diese 538 vor Christus (eher tropfenweise) fließende Rückwanderung in die Heimat. Zion? Zion ist der Name für die alte Jebusiterstadt, die man besser als „Jerusalem“ kennt. Wenn die jüdischen Propheten von „Zion“ sprachen, dann hatten sie Jerusalem als geistiges und geistliches Symbol verstanden. „Denn aus Zion wird die Thora kommen und Gottes Wort aus Jerusalem.“ Erst in der Diaspora, außerhalb Israels, wurde Zion den Juden zugleich Symbol für Das Land, für Das Heilige Land, ihr Heiliges Land. Der im neunzehnten Jahrhundert gegründete „Zionismus" war also die Nationalbewegung des Jüdischen Volkes, das die Rückkehr in sein Land plante. Vorsichtiger: in das Gebiet, das es als sein Land betrachtete. Doch wir eilen der Geschichte voraus, um Jahrtausende.

Zurück zur Geschichte, zur ganz alten Geschichte: Seit 538 vor Christus war Judäa sozusagen ganz amtlich das autonome Gebiet der Juden in ihrer Heimat, aus der sie erstmals 721 vor Christus von den Assyrern und dann 586 vor Christus von den Babyloniern verschleppt worden waren. Im zweiten vorchristlichen Jahrhundert haben es die Juden Judäas unter den Hasmonäern sogar geschafft, wieder einen eigenen Staat zu erschaffen: das Königreich Judäa. Auch unter König Herodes blieb dieser Name erhalten. (Der eine oder andere Christ wird sich dunkel an diesen Herrscher erinnern.... – hoffentlich.)

Dieses Judäa war zwar wesentlich größer als das einstige Königreich, das 586 vor Christus zerstört worden war. Aber die Bezeichnung war identisch.

Schon zu Herodes' Zeiten waren die Römer die eigentlichen Herrscher dieses Landes. Gegen dieses Joch erhoben sich die Juden. Sie verloren. Einmal 70 nach Christus, endgültig im Jahre 135. Verloren ging (zur Strafe) auch der Name: Syrien-Palästina nannten es der römische Kaiser Hadrian. Bald hieß es nur noch Palästina, der Philister Land. Und jeder, der sich an David und den Riesen Goliath erinnert, wird wissen, daß der lange Mann ein Philister war. Dass die Philister keine Araber waren, muß kaum betont werden. Auch, dass sie keine Muslime waren, denn Mohammed wurde erst um 570 nach Christus geboren.

Die von den Römern gewählte Symbolik erlaubte keinen Zweifel: die Juden hätten ihr Recht auf dieses Land verwirkt – zumindest in den politischen Augen Roms. Verwaltungsbezirke und einzelne Gebiete wurden diesem „Palästina" im Laufe der folgenden Jahrhunderte etwa von Byzantinern, Arabern oder Osmanen das eine Mal abgezwackt, das andere Mal hinzugefügt. Aber „Palästina" blieb im Grunde „Palästina" – bis zur Errichtung des jüdischen Staates. Der besteht bekanntlich seit dem 14. Mai 1948 und heißt, wie jedermann weiß, Israel.

Nicht ganz Palästina wurde Israel. Östlich des Jordan entstand 1921/22 durch einen Federstrich der Briten (Winston Churchills vor allem und allen) das „Emirat Transjordanien". Ab 1946 hieß es Königreich Transjordanien. Dieses Königreich verleibte sich im Dezember 1948 das Westjordanland und die Jerusalemer Altstadt (Ost-Jerusalem) ein. Bald wurde aus dem Staatsnamen Transjordanien die Vorsilbe „Trans" gestrichen. Fortan hieß die Addition von Ost- und Westjordanland „Königreich Jordanien". Außer Großbritannien und Pakistan erkannte kein Staat dieser Welt diese Annexion an. Seit 1967 haben die Israelis Ostjerusalem und das Westjordanland besetzt. Der Gaza-Streifen fiel 1949 unter ägyptische Verwaltung, war aber nie völkerrechtlicher Bestandteil Ägyptens. Auch der Gaza-Streifen wurde 1967 von den Israelis besetzt.

Der Name Israel steht heute für das 1948 entstandene Gebiet des jüdischen Staates. 1967 wurde Ost-Jerusalem einverleibt. Die Israelis sprechen von „Wiedervereinigung", die Palästinenser (und die meisten Staaten dieser Welt) von „Annexion". 1981 annektierte Israel auch die 1967 eroberten Golan-Höhen. Auch hier sagte die Welt: Nein.

Und der Name Heiliges Land? Eine Liebesbekundung der Juden und Christen, natürlich nie Amtssprache. Für die Juden eine Steigerung der Bezeichnung Das Land; in Verbindung mit der Symbolik von Zion, dem geistig-geistlichen Zentrum der Juden.

Der Apostel Paulus spricht vom „Land der Verheißung", das Abraham von Gott als „Erbteil" erhalten habe (Brief an die Hebräer 11,9).

Die Muslime haben Heilige Stätten in diesem Land, aber das Land in seiner Gesamtheit war für sie nicht das Heilige Land. Der Islam (wir erläutern es später) orientiert sich an Arabien, Arabern und der arabischen Sprache. Der Islam ist arabozentrisch. Der Palästinozentrismus ist Ergebnis der Politik. Verständlich, nachvollziehbar, berechtigt (aus der Sicht der Muslime). Doch immer wieder gilt: Berechtigtes ist nicht automatisch richtig. Meistens ist es parteilich. Es soll mehr provozieren als informieren. Das gehört zum Ritual von Konflikten. Es sei den Konfliktparteien überlassen.

Auszug aus Michael Wolffsohn: *Wem gehört das Heilige Land? Die Wurzeln des Streits zwischen Juden und Arabern*. 20. Auflage. München: Piper Verlag 2023, S. 14-19.

12. Ohne Identität – Mit Zukunft? Deutschlands Juden im Spannungsfeld von Diaspora und Israel

Hitler hat gesiegt, so scheint es. Es war einmal und ist nicht mehr – das deutsche Judentum. Jüdische Museen wie das in Frankfurt am Main oder Braunschweig, jüdische Abteilungen wie im Berlin-Museum oder Ausstellungen über das einstige Leben der Juden in Deutschland, der wundervolle Wiederaufbau des Raschi-Hauses in Worms oder sogar des einstigen Judenviertels dieser Stadt und Neubauten von Synagogen, die meistens für die jeweiligen Gemeinden viel zu groß sind, prächtige, große, mit öffentlichen Mitteln großzügig geförderte jüdische Gemeindezentren und bestens organisierte Gemeinden wie in Berlin (West) und Frankfurt am Main – trotz all solcher kultureller Pflege scheint es kein deutsches Judentum mehr zu geben.

Gewiß, »judenrein« ist die Bundesrepublik Deutschland nicht geworden; anders sieht es in der DDR aus, wo derzeit rund vierhundert Juden gemeldet sind, von denen etwa ein Viertel älter als achtzig Jahre ist. Doch quantitativ fallen die knapp 28.000 hierzulande registrierten bundesdeutschen Juden weder im europäischen noch im gesamt- beziehungsweise weltjüdischen Rahmen ins Gewicht. Daran ändert auch die Tatsache nichts, daß ungefähr ebenso viele Juden in Westdeutschland und West-Berlin leben, ohne der jeweiligen jüdischen Gemeinde anzugehören.

Ihre sowohl quantitative als auch qualitativ-inhaltlich-jüdische Bedeutungslosigkeit teilen die deutschen Juden mit ihren Glaubensgenossen in fast allen west- und osteuropäischen Staaten. Nur in Frankreich und Großbritannien findet man heute nicht nur große und wohlorganisierte, sondern seit ungefähr zehn Jahren zunehmend auch wieder geistig lebendige Gemeinden.

In der Sowjetunion ist die Zahl der Juden groß, das jüdische Bewusstsein scheint wiederbelebt, doch die Entfaltungsmöglichkeiten der jüdischen Gemeinschaft blieben trotz Glasnost und Perestroika begrenzt, der klassisch-altrussische Antisemitismus immer noch oder schon wieder fühlbar: In Moskau, so die *Süddeutsche Zeitung* vom 11. Februar 1987, beschimpfte eine Russin mittleren Alters jüdische Demonstranten und verkündete: „Hitler hat nicht genug von diesen umgebracht. Wenn ich könnte, würde ich sie selber an die Wand stellen." Von nicht immer so primitiven und überraschend Hitler-freundlichen, unzweideutig antisemitischen Vorfällen in der Sowjetunion liest man ständig in der *Jerusalem Post*, häufig in euro-amerikanischen Zeitungen und alljährlich im *American Jewish Year Book*.

Schon die Ausgangslage der bundesdeutschen Juden, die ein Ergebnis des Holocaust ist, lässt es sinnvoll erscheinen, ihre Entwicklung im größeren europäischen Zusammenhang zu erörtern. Ja, es scheint notwendig, sie darüber hinaus im Spannungsfeld von Diasporajudentum einerseits und Israel andererseits zu untersuchen. Wegen der unterschiedlichen politischen Rahmenbedingungen in den westlichen Demokratien und den kommunistischen Staaten, besonders der Sowjetunion, ist es angebracht, die Lage der bundesdeutschen Juden im Rahmen der westlichen Diaspora insgesamt zu untersuchen. Viele Probleme der westdeutschen Juden sind nämlich bei näherer Betrachtung Probleme des Diasporajudentums überhaupt, das seit der Existenz des jüdischen Staates seine Identität neu bestimmen muss.

Über die jüdischen Bürger der Bundesrepublik Deutschland ist viel gesagt und geschrieben worden. Auch sie selbst waren publizistisch keineswegs zurückhaltend. Viele Darstellungen und Selbstdarstellungen sind impressionistisch, subjektiv, häufig aggressiv, vor allem aber eher bewertend als beschreibend.

Versuchen wir, dieses heikle Thema mehr analytisch als polemisch darzustellen. Um Missverständnisse zu vermeiden, sei hervorgehoben, dass ich zwar mit Eifer, doch ohne Zorn innerjüdische Missstände beschreibe, innerlich eher beklagend als anklagend.

Längst sprießen national und international Jüdische Museen aus dem Boden wie Pilze nach dem Regen. Ein Jüdisches Museum kann Juden in Geschichte und Kultur zeigen, aber nicht „das“ Judentum. Warum? Weil das Judentum eine Religion und Kultur des Wortes ist. Buchstaben, Wörter, Sätze, Bücher muss man lesen. Wer sie nur anschaut, sieht tote Buchstaben, die Substanz bleibt so verschlossen. Im *Kleinen Prinzen* gibt es einen Satz, den jedermann kennt: „Man sieht nur mit dem Herzen gut, das Wesentliche ist für das Auge unsichtbar.“ Leicht verändert auf das Judentum übertragen: „Nur wer jüdische Quellen und Zeugnisse liest und versteht, erkennt das Judentum. Anschauen reicht nicht“.

Gewiss, man kann 20, 200 oder auch 2000 Thorarollen, -kronen, -mäntel oder -schränke, Gebetsschals, Kerzenleuchter, Hochzeitsbaldachine, Schabatausgangsduftdosen und so weiter zeigen, das Wesen des Judentums bleibt einem verschlossen. Abgesehen von wirklich Interessierten und Jüdischem innerlich Verbundenen schafft ein Jüdisches Museum den Museumsgründern, -betreibern und -besuchern ein gutes Gefühl: „Ich besuche Jüdische Museen, also bin ich gut.“

Wer meinte, ins Wesen des Judentums etwa durch die erste Dauerausstellung des Jüdischen Museums Berlin eingeführt worden zu sein, erlag seiner Hoffnung oder der PR-Suggestion des Hauses. Was zu sehen war, glich einer Mischung aus Disneyland mit jüdischen Beigaben. Dank den Manager-Fähigkeiten des Gründungsdirektors und seiner Ausstellungs„macher“ bewährte sich dieses Konzept auf dem Besucher„markt“. Die Massen strömten dorthin. Zu berücksichtigen ist bei den eindrucksvoll hohen Besucherzahlen freilich die Tatsache, dass manche Massen, zum Beispiel Schulklassen aus ganz Deutschland, in dieses Museum busladungsweise gekarrt wurden.

Alle Welt schwärmt zurecht von der meisterhaften Architektur dieses Gebäudes. Sie ist Daniel Libeskind zu verdanken. Sie wurde von ihm und der (nochmals: zurecht) begeisterten Öffentlichkeit auch intellektuell bejubelt. Sie erzähle deutsch-jüdische Geschichte, heißt es auf der Website. „Manche erinnert es an einen zerbrochenen Davidstern, andere an einen Blitz; bei vielen hinterlässt es ein Gefühl der Verunsicherung oder Desorientierung." Schön gesagt, doch was besagt das konkret?

Ebenfalls auf der Website: „Im Untergeschoss des Libeskind-Baus kreuzen sich drei Achsen, die symbolisch für die unterschiedliche Entwicklung jüdischer Lebensgeschichten in Deutschland stehen: die *Achse des Exils*, die *Achse des Holocaust* und die *Achse der Kontinuität*." Wohlklingend, und man erstarrt. Zurecht, denn: Holocaust. Doch sind Exil und Kontinuität nur Kennzeichen deutsch-jüdischer Geschichte? Worin unterscheiden sich diese beiden Dimensionen etwa von polnisch-jüdischen Geschichte? Ja, von Deutschen wurde das sechsmillionenfache Judenmorden geplant, ausgelöst und teuflisch durchgeführt. „Der Tod ist ein Meister aus Deutschland" – und er hatte, kein bisschen relativierend, in ganz Europa willige Gesellen. Ergo ist die Holocaust-Achse eine Reduktion der gesamteuropäisch-jüdischen Tragödie. Die Reduktion betrifft die rund dreitausendjährige Leidensgeschichte der Juden. Darauf hatte, wie erwähnt, der frühere Oberrabiner Großbritanniens hingewiesen: Die Katastrophen-Exklusivität des Holocaust würde den Katastrophencharakter anderer Judenmorde minimieren. Darüber kann man freilich streiten, doch eine Reduktion – und es ist eine – sollte man nicht als intellektuelle Meisterleistung ehrfürchtig preisen.

Wir lesen weiter: „Der *Garten des Exils* erzeugt bei den Besucher*innen aufgrund der Schräglage ein Gefühl des Schwindels und der Desorientierung, die einzige Vegetation befindet sich in unerreichbarer Höhe. Mit dieser räumlichen Erfahrung wollte Daniel Libeskind auf die mangelnde Orientierung und Haltlosigkeit verweisen, die Emigrant*innen empfanden, die aus Deutschland vertrieben wurden." Bis zum Gendersternchen alles politisch korrekt, doch gedanklich so reduktionistisch und aufgeblasen. Ästhetisch, architektonisch meisterhaft, intellektuell „Kost fürs Kind", Windbeuteleien, also viel Luft und wenig Sahne. Wie die deutsche Israel- und Nahostpolitik:

Eine Politikerreise nach der anderen, „um den Friedensprozess wieder in Gang zu bringen“ oder, die andere Dauerfloskel, „um die Gegner wieder an einen Tisch zu bringen“. Außer Spesen nichts gewesen. Selbstprofilierung der Reisenden und Redenden.

Mit diesen ketzerischen Gedanken landen wir im Grundsätzlichen. Außer der politischen auch der baulichen Architektur: Ist beim Jüdischen Museum Berlin die Architektur Selbstzweck oder Mittel zum Zweck, ist sie „nur“ genial oder auch museal-funktional? Funktional, so alle Museumsfachleute, sei dieses herrliche Gebäude, freundlich ausgedrückt, „schwer zu bespielen“. Im Klartext: Es erfüllt seine eigentliche Funktion nicht. Manche sagen: Das Gebäude an sich, ohne jedes Beiwerk, sei „das“ Jüdische Museum schlechthin. Auch diese Meinung ist durch die Verfassung geschützt. Wie zu zeigen versucht, ist die intellektuelle Substanz des Bauwerks eher dürftig. Anders als die ästhetische. Kunst, auch Baukunst, und Denken müssen nicht identisch sein.

Sichtbar-unsichtbar steht auf dem amtlichen Etikett eines Jüdischen Museums, nicht nur in Berlin oder Frankfurt, München oder Fürth und so weiter und so weiter überall unausgesprochen und doch so klar: „Aufklärung“, „Nie wieder Morden und durch Kollaboration direkt oder indirekt Mit-Morden“. Sehr löblich. Wirklich ehrlich? Auf jeden Fall im Fall der Fälle ein geschichtspolitisches Alibi, das besonders nahost- und israelpolitisch jederzeit als Entlastungsargument eingesetzt werden kann – und wird. Es sei denn, man stolpert. Ein selbstverschuldetes Stolperbeispiel lieferte das Jüdische Museum Berlin.

Das Jüdische Museum Berlin ist eine Einrichtung des Bundes, also quasi das Deutsche Nationalmuseum für Jüdische Kultur, und basiert auf einem eigenen Stiftungsgesetz. Es besagt in § 2.1: „Zweck der Stiftung ist es, jüdisches Leben in Berlin und in Deutschland, die von hier ausgehenden Einflüsse auf das europäische und das außereuropäische Ausland sowie die Wechselbeziehungen zwischen jüdischer und nichtjüdischer Kultur zu erforschen und darzustellen sowie einen Ort der Begegnung zu schaffen". Im „wahren Leben" des Museums wurde die Erforschung in der Ära des Gründungsdirektors W. Michael Blumenthal, also in den Jahren 2001 bis 2014, vergessen oder zumindest vernachlässigt. Wenig erstaunlich, denn der Wirtschaftsprofessor und Politiker (Ex-US-Finanzminister unter Präsident Jimmy Carter) ist von Hause aus ein sehr erfolgreicher Manager. Er war klug genug, die Forschungslücken des Museums zu erkennen und sorgte dafür, dass sein Nachfolger ein bedeutender Gelehrter wurde: der an der Elite-Universität Princeton lehrende deutsche Judaist Peter Schäfer. Er bot, was Blumenthal fehlte: Tiefes Wissen und erst recht die Wissenschaft vom Judentum. Doch Schäfer fehlte, was Blumenthal in Überfülle zu bieten hatte: sowohl politische als auch Manager-Fähigkeiten. Fatal. Noch fataler: Er verwechselte das Deutsche Nationalmuseum für Jüdische Kultur mit seinem – höchst eindrucksvollen und weltweit zurecht bewunderten – akademischen Elfenbeinturm. Statt, wie staatlich geboten, „jüdisches Leben in Berlin und Deutschland..." zu präsentieren, wagte er sich aufs politische Glatteis. Prompt rutsche er zweimal aus. Das war einmal zu viel. Fall 1: Eine Jerusalem-Ausstellung („jüdisches Leben in Berlin"?), die – sachlich und fachlich verständlich – nicht nur das jüdische, sondern auch das christliche und vor allem muslimische Jerusalem zeigte und, bezogen auf die zionistisch-israelische Geschichte von Stadt und Jüdischem Staat im 20. Jahrhundert dem deutsch- und diasporajüdischen sowie erst recht dem israelischen Hauptstrom zuwiderlief. Wechselseitige Verstimmungen und Vorwürfe – national, international und nicht zuletzt deutschisraelisch – ließen nicht auf sich warten.

Wie in und zwischen Offenen Gesellschaften und Einrichtungen üblich, kritisierte die kritisierte, also etabliert-israelische, die kritisierende deutsche Seite. Dieser üblichen Gepflogenheit bediente sich der politische Spitzenvertreter Israels, Premier Netanjahu, gegenüber den Spitzen deutscher Politik. Der (vielstimmiger O-Ton) „schreckliche Netanjahu" hielt sich (es gefalle oder nicht) an die Regeln des im Habermas'schen Sinne „Offenen Diskurses" Offener Gesellschaften. Weil das Jüdische Museum Berlin Deutschlands Nationalmuseum für jüdisches Leben und Kultur in Deutschland ist, wandte sich Israelis Ministerpräsident logisch und rechtlich folgerichtig auch an die Bundeskanzlerin. Aufschrei in Deutschland: Das sei Zensur, Einmischung in innere Angelegenheiten. Warum, wenn die Jerusalem-Ausstellung (keine über Berlin oder Deutschland) eines deutschen Nationalmuseums von, in und aus Deutschland nach außen, der Welt, gezeigt wurde? Wer A sagt, also Kritik übt, muss B, Kritik, ertragen.

Diesen Sturm überstand Peter Schäfer. Noch. Fall 2: Museumsdirektor Schäfer plante eine Ausstellung über Juden im Iran. Ein für die jüdische Geschichte insgesamt hochbedeutsames Thema. Quantitativ rund 2.500 Jahre umschließend und qualitativ für die dauerhafte Prägung jüdischer Religion und Kultur noch viel bedeutsamer als die deutschjüdische Geschichte. „Jüdisches Leben in Berlin und in Deutschland", §2,1 des Stiftungsgesetzes? Auftrag verfehlt. Hinzu kam, dass Teile des Museumspersonals ihm gegenüber total illoyal waren und mit dem wehrunfähigen Professor medial sichtbar Katz und Maus spielten. Schließlich dieser Fehltritt, der planerisch, organisatorisch unvermeidbar war: Schäfer hatte einen hochrangigen Vertreter der iranischen Botschaft zur Teestunde in sein Museumsbüro eingeladen. Der Iraner sorgte für ein Foto der trauten Runde – und veröffentlichte es. Diesen PR-Trumpf und -Triumph ließ sich der clevere Diplomat nicht entgehen. Peter Schäfer bat, das Foto aus dem Verkehr zu ziehen. Zu spät. Die Falle hatte zugeschnappt. Sorglos, politisch unerfahren und naiv hatte der weltfremde deutsche Professor den politischen Erschießungsbefehl auf sich selbst erteilt. Teestunden ausländischer Repräsentanten, zumal aus hochumstrittenen Staaten, beim Direktor eines deutschen Nationalmuseums sind eben Politik und selbst Top-Professoren wie Peter Schäfer meistens unbedarfte Politiker.

Den deutschen Politikern, allen voran der „Staatsministerin für Kultur und Medien", Monika Grütters (CDU), wurde die Schäfer-„Kartoffel" zu heiß. ManN und frauEN ließen Schäfer fallen. Selbst „gute Freunde" wie W. Michael Blumenthal. Das wiederum erinnert sehr wohl an Kultur und Leid der Juden in Deutschland, an deutschjüdische Leid- und Leitkultur, an Heinrich Heines Kurz-Gedicht: „Blamier mich nicht mein schönes Kind / Und grüß mich nicht Unter den Linden. / Wenn wir nachher zuhause sind / Wird sich schon alles finden." Wir erkennen: Hohe, verständliche und notwendige Emotionalität einerseits und die manchmal gnadenlos harte Realität, inklusive Interessen und Eitelkeiten, schließen einander nicht unbedingt aus.

Gleiches gilt bezüglich des Berliner Holocaust-Mahnmals. Wer wollte dessen geschichtsethische Berechtigung bezweifeln? Doch trotz der ethischen Motive auch hier viel Luft, Volumen, Eitelkeiten und knallharte Interessen. In meinem Buch *Tacheles* habe ich die „Genesis" dieses Bauwerks beschrieben. Auch hierher pilgern die Massen. Andacht? Betroffenheit? Fehlanzeige. Alt-Kanzler Gerhard Schröder kann zufrieden sein. Wie er wollte, kommen die Menschen gerne dorthin. Manche für Sprungübungen, Picknick oder auch nur, um ihr „Geschäft" zu erledigen.

Guter deutschamtlicher Wille bei der Förderung von neuen Synagogenbauten. Wie bei Christen hierzulande und ihren Kirchen: Es gibt immer mehr Synagogen und immer weniger, gar regelmäßig Betende. Auf der Suche nach der verlorenen deutschjüdischen Zeit, Welt und Gläubigkeit kommt man – wie im Christentum – wohl nicht umhin, neue Formen, auch Gebäudeformen und Wege aufzuspüren. In der jüdischen Welt, der Diaspora und Israel, erlebt besonders die Orthodoxie Aufwind: demografisch durch höhere Geburtenraten und gesellschaftlich durch ihren nahezu unbegrenzten Einsatz für die eigene Klientel.

Jüdischkeit schien während der Niederschrift früherer Auflagen dieses Buches wiederbelebt. In Britannien, Frankreich und der Sowjetunion. Skepsis hatte ich zugleich bekundet. Daher „Ohne Identität, mit Zukunft". Trotz religiöser Kerne schreitet in Britannien und Frankreich die Verweltlichung voran, also die Entfernung von der Religion. Zugleich aber nimmt „Jüdischkeit" zu, das Gefühl, man gehöre und stehe zusammen. Die Außenwelt hat für dieses Mehr an Jüdischkeit gesorgt, vor allem der jahrelange islamistische Terror, dem zahlreiche jüdische Franzosen zum Opfer fielen. Die Folge: Vor etwa zwanzig

Jahren begann der jüdische Exodus aus Frankreich nach Israel. Wird er sich fortsetzen? Wie stark? Gibt es am Ende – und wann? – ein „judenreines" Frankreich?

Islamistischer Terror gegen Juden auch in Großbritannien, und bis vor kurzem schien verbaler und politischer Antisemitismus in der Labour Party unter Jeremy Corbin zum schlechten, neuen Guten Ton der Partei zu gehören. Exodus? Eher tröpfelnd. Bleibt es beim Tröpfeln? Das hängt vom Maß antijüdischer Radikalität von linken Alt-Briten und muslimischen Neu-Briten, zuerst und vor allem von antijüdischer Gewalt ab. 2021 erreichte sie ein Allzeithoch. Seit Jahren ist auch die Sicherheit britischer Juden gefährdeter als zuvor. Der Nahostkonflikt schwappte aus der Islamischen Welt mit den Migranten seit Jahrzehnten ins einst kolonialistische „Mutter"land. Man las schon länger (Wunschdenken? Wessen?) und vermehrt in der Corbyn-Ära der Labour Party, dass Englands Juden ans Kofferpacken dächten. Auf nach Israel? Die Wirklichkeit ist komplizierter. Als im Februar 2021 der rechtsnationalistische, ehemalige Erziehungsminister Israels Britanniens Juden besuchen wollte, wiesen diese ihm den Stuhl vor die Türe. Mit seinen extremistischen Positionen wollten sie nichts zu tun haben. Nicht nur Britanniens Juden behalten, anders als zuvor, über Jahrzehnte Spendengelder für ihre einheimischen Institutionen zurück und überweisen weniger nach Israel. Ähnlich in den USA. Jahrzehntelang flossen etwa 70% nach Israel, 30% behielt man für eigene Einrichtungen. Heute umgekehrt. Nicht viel anders woanders. Aber: Inzwischen braucht Israel auch weniger Spenden, die Volkswirtschaft ist innovativ und global erfolgreich. Das führte dazu, dass nicht nur Nichtjuden in Israel investieren, sondern eben auch Juden. Als Juden für Juden, aber eben nicht nur weil Juden.

Nicht wirklich anders das Deutschland- oder Skandinavien-Bild. Auch in den USA erkennt man Zeichen an der Wand. Sind es solche? An Elite- und anderen Universitäten wächst bei Studenten und Dozenten die Anhängerschaft von Israel-Boykotten, die Demokratische Partei schwenkt immer weiter nach links. Eher linksliberal waren die meisten US-Juden seitjeher, aber nicht linker als linksliberal. Anführer der neuen Demokraten-Linie sind der jüdische Senator Bernie Sanders aus Vermont sowie die radikale New Yorker Repräsentantin Alexandria Ocasio-Cortez (AOC). Wenn die etabliert-jüdische Kritik gegen sie zunimmt, erwähnt sie gerne ihre jüdisch-sefardischen Vorfahren. Transatlantische Gemeinsamkeit bei der Abwehr jüdischer Kritik: Man beruft sich auf die „jüdische Großmutter", andere jüdische Vorfahren oder auf die eigenen „Hofjuden" als Alibi. „Einige meiner besten Freunde sind Juden"... Und dann: Feuer frei auf jüdische Mehrheitsmeinungen, zumindest verbal. Neonazis und Islamisten überspringen die verbale Hürde und greifen gleich zu antijüdischer Gewalt. In Frankreich derzeit häufiger als woanders. Bedarf es langfristig prophetischer Gaben um vorherzusagen, dass es einen allmählichen Exodus der „Kinder Israels" nach Israel geben wird? Sowohl aus den lange „Neu Gelobtes Land" genannten USA als auch aus dem einst judenblutgetränkten Europa, das – nun aus anderen Gründen als Jahrhundert zuvor oder in der ersten Hälfte des 20. Jahrhunderts – den Juden erneut nur eine Existenz auf Widerruf bieten kann.

Für die weitgehend säkularisierten Sowjetjuden waren Judentum und Jüdisches verständlicherweise Mittel zum Zweck. Sie wollten „raus aus dem sozialistischen Gefängnis". Der „Judenfaktor" sollte ihnen dabei helfen. Er hat. Als die Sowjetunion zerfiel und der Sozialismus endete, gab es kein Halten. Die Mehrzahl der einstigen Sowjetjuden packte die Sieben Sachen und zog meistens entweder gen Israel, USA oder Deutschland.

„Ohne Identität und mit Zukunft?" Was gilt also heute, nicht nur in Deutschland? Grundsätzlich hat sich mein empirisch basiertes Urteil nicht geändert. Den Lesern sei nicht der Abdruck eines bereits erschienen neueren Textes aus meiner „Feder" zugemutet. Wer möchte, googele und gebe diese Stichwörter ein: Wolffsohn, NZZ, Israel, die Orthodoxie oder das Nichts, 5. 12. 2018.

Auszug aus Michael Wolffsohn: *Ewige Schuld? 75 Jahre deutsch-jüdische-israelische Beziehungen*. München: LMV 2023, S. 278-288.

13. Die Wahrheit über Israel – und was in den Medien daraus gemacht wird

Selbst Fakten entsprechen oft nicht der Wahrheit. Das dokumentieren besonders die meist hocherregten Debatten über, für und gegen Israel. Fast nur schwarz oder weiß, mehr Bekenntnisse als Kenntnisse. Teils Fakten, aber keine Wahrheit. Ausgewählte Beispiele seien vorgestellt.

Fakt eins: Ausgangspunkt zur Staatsgründung Israels war das Versprechen der britischen Kolonialherrschaft. Genannt wurde sie „Treuhandschaft". Fakt zwei: Gehalten wurde es nicht. Ein Treuebruch. Fakt drei: Die Zionisten mussten ihren Staat gegen die Kolonialmacht blutig erkämpfen. Fakt vier: Trotzdem ist es Mode, Israel als Produkt des Kolonialismus zu verunglimpfen.

Suez-Krieg, Oktober 1956. Fakt eins: Israel griff Ägypten an. Fakt zwei: Zuvor hatte Ägypten die Zufahrt zu einer Lebensader Israels abgeschnitten, zum südisraelischen Hafen Eilat. Fakt drei: Zuvor hatte Ägypten jahrelang Angriffe palästinensischer Terroristen aus dem Gazastreifen auf israelisches Zivil unterstützt. Wer war der Aggressor? Wer nur Fakt eins erwähnt, doch Fakt zwei und drei auslässt, präsentiert eine Tatsache, aber eben nicht die Wahrheit.

Selbst das Feuilleton der hochseriösen FAZ ist nicht immer immun gegen das Virus namens „Fakten ohne Wahrheit". Kürzlich präsentierte das FAZ-Feuilleton als „Korrektur" Fakten, die nicht der Wahrheit entsprechen. Der allgemeinen Bedeutung wegen sei anhand dieser „Korrektur", die Wirkung des genannten und besonders bei Israelthemen wirksamen Virus beschrieben.

6-Tage-Krieg, Juni 1967. Fakt eins: Israel gab den „ersten Schuss" ab. Als Verteidigung, sagt Israel seit jeher. Für Frankreichs damaligen Präsidenten Charles de Gaulle und andere war jedoch Israel der Aggressor, denn:

Israel hatte zuerst geschossen. Fakt zwei: Zuvor hatte Ägypten an der Grenze zu Israel fast sein ganzes Militär massiert. Fakt drei: Ebenfalls zuvor hatte Ägypten erneut die Zufuhr nach Eilat verhindert, um Israel wirtschaftlich zu strangulieren. Wer nur Fakt eins erwähnt, präsentiert eine Tatsache, unterdrückt aber die Wahrheit.

Weiter zum 1967er Krieg. Fakt eins: Auch auf Syrien feuerte Israel den ersten Schuss. Fakt zwei: Diesem Präventivschlag vorangegangen waren Syriens wiederholte Versuche, Israels zweite Lebensader durchzuschneiden: Die nach Israel führenden Jordan-Quellflüsse sollten ab- und umgeleitet werden. Verteidigung oder Aggression? Welches Faktum dominiert?

Junikrieg 1967, Israel und Jordanien. Fakt eins: Dem israelischen Schlag gegen Jordanien ging jordanischer Beschuss von West-Jerusalem voraus. König Hussein entschloss sich dazu, obwohl Israel ihn hatte wissen lassen, dass es den Krieg gegen Ägypten und Syrien nicht ausweiten würde, wenn Jordanien auf Kampfhandlungen gegen Israel verzichtete.

Die UNO-Vollversammlung hatte im November 1947 das Westjordanland einem künftigen Staat Palästina zugesprochen. Dazu kam es nicht. Jordanien hatte im Dezember 1948 den Palästinensern jenes Territorium sowie Ost-Jerusalem geraubt und einverleibt. Als Reaktion auf den Beschuss von West-Jerusalem durch Jordanien eroberte Israel im Juni 1967 auch *Ost-Jerusalem sowie das Westjordanland* und besetzt dieses Gebiet seitdem. Reaktion oder Prävention?

Was geschah seitdem? Fakt eins nennt die „Korrektur" des *FAZ-Feuilletons*: Ein vollständiger Abzug aus dem Westjordanland wäre nicht israelische „Regierungslinie" gewesen. Fakt zwei: Am 19. Juni 1967 verabschiedete das israelische Kabinett diese Erklärung. Für einen Frieden mit „den Arabern" stehe alles zur Disposition, heutig formuliert: „Land für Frieden". Avi Raz, aus Israel stammender, in Oxford lehrender Historiker, bezeichnet diese Erklärung als PR-Aktion. Mag sein, aber: Die Arabische Liga verabschiedete am 1.9.1967 in Sudans Hauptstadt Khartum die 3-Nein-Resolution: Kein Frieden mit Israel. Keine Anerkennung Israels. Keine Verhandlungen mit Israel. Ohne „Khartum" hätte sich eine Dynamik ergeben, die Israel kein Zurück von der Erklärung vom 19.6.1967 ermöglicht hätte.

Nach Khartum war die Räumung der West Bank für Israels Regierungen nur scheinbar kein Thema mehr. Tatsächlich boten die Vereinbarungen von Camp David (September 1978) sowie der Israelisch-Ägyptische Friedensvertrag vom März 1979 Perspektiven zu palästinensischer Autonomie und dann Staatlichkeit im Westjordanland plus Gazastreifen. Nur wenige jüdische Siedler gab es damals. Arafats PLO und die anderen Palästinenserorganisationen zogen auch nach 1978 die Fortsetzung des bewaffneten Kampfes vor. Heute leben etwa 650.000 Siedler im Westjordanland und Ost-Jerusalem.

Fakt: Im Dezember 1987 begannen die Palästinenser den ersten großen Aufstand, ihre Intifada, gegen Israels Besatzung. Fakt: Militärisch für sie ein Desaster. Fakt: Israels Premier Rabin und seine Nummer zwei Peres erkannten: Ein militärischer Sieg ist nicht mit einem politischen identisch. Fakt: Es kam im September 1993 zum Oslo-Abkommen und damit zur Zweistaatenlösung als Programm. Faktisch Folge: Beidseits Terror. In Israel auch gegen die eigene Regierung. Premier Rabin wurde ermordet. Fakt: Politisch verloren die Palästinenser, denn ihr Terror schwächte die israelischen Friedenspolitiker, die 1996 die Macht verloren, aber 1999 mit Barak wiedererrangen.

Am Gipfeltreffen von Camp David nahmen im Juli 2000 Israel, die PLO und die USA teil. Fakt eins: Israels Premier Barak bot Arafat etwa 90% des Westjordanlandes an. Fakt zwei war Arafats Nein. Fakt drei: Am 28.9.2000 besuchte Israels Oppositionsführer Scharon durchaus provokativ den Jerusalemer Tempelberg. Fakt vier: Noch am selben Tag löste die Palästinenserführung die Zweite Intifada aus, den großen Aufstand. Fakt fünf: Wie bei der ersten Intifada ein militärisches Desaster. Wie Rabin 1993 erkannte Premier Scharon, dass der militärische Sieg politisch wenig löst. Fakt sechs: Israels Rückzug aus dem Gazastreifen im Sommer 2005. „Land für Frieden". 2007 übernahm die Hamas in einem innerpalästinensischen Bruderkrieg das Machtmonopol und nutzte es, um Israels Zivil seitdem ständig mit Raketen zu beschießen und massenweise Waffen und Munition zu importieren. Statt „Land für Frieden" also „Land für Raketen" oder „Trotz Land weiter Krieg". Als Reaktion kontrollieren seitdem Ägypten und Israel den Zugang zum Gazastreifen. Dass dieser völlig „abgeriegelt" würde, ist falsch. Richtig ist: Täglich passieren weit über hundert mit Lebens- und medizinischen Mitteln beladene israelische LKWs die Kontrollen in den Gazastreifen.

Fakten à la carte werden von der „Korrektur" des FAZ-Feuilleton (und vielen anderen) auch in Bezug auf die Enteignung palästinensischen Privatbesitzes im Westjordanland präsentiert. Fakt und Rechtsgrundlage ist hierzu das Urteil des israelischen Obersten Gerichtes vom 9. Juli 2020 zum Verbot der Konfiskation privaten palästinensischen Besitzes. Es verbietet die Enteignung privaten palästinensischen Besitzes. Cambridge University Press ist ein hochseriöser Verlag. Dort erschien 2022 das Buch des israelischen Völkerrechtlers Robbie Sabels „International Law and the Arab-Israeli Conflict". Auf Seite 337f. diese Aussage: „No settlement on The West Bank has been created on the site of an inhabited Arab village, and no Arab Palestinian has been evicted or lost his habitation because of the creation of a settlement". Stets ist nach dem Vollzug von Gerichtsurteilen zu fragen. Doch weder so noch anders stimmen Schwarz-Weiß-Behauptungen über Enteignungen durch Israel.

Auch die Fakten beim Zustandekommen des Abraham-Abkommens werden von der „Korrektur" des FAZ-Feuilletons faktisch nur teilweise korrekt erwähnt. Diesen faktischen Frieden mit Israel schlossen zunächst Bahrain und die Vereinigten Arabischen Emirate sowie kurz danach Marokko und der Sudan. Dass Saudi-Arabien als fünfter Staat hinter den Kulissen die erste Geige spielte, wurde unterschlagen.

Fakten versus oder gleich Wahrheit – ein allgemeines Problem und offenbar ganz besonders im Zusammenhang mit Israel. Verunsicherte sollten Radio Eriwan fragen: „Stimmen die erwähnten Israel-Fakten?" Antwort: „Im Prinzip ja. Aber sie entsprechen nicht der Wahrheit."

Zuerst erschienen am 1. Februar 2023 auf *WELTplus*.

14. Belohnung für Terror und Atomwaffen

Iran – so heißt der Sieger des Israel von der Hamas aufgezwungenen Anti-Terror-Krieges. Ohne auch nur einen Blutstropfen eines einzelnen eigenen Bürgers riskiert oder verloren zu haben, gelang dem Iran dieser Sieg.

Erst massakrieren, dann getötet werden. Das überließ die teuflisch geniale Mullah-Diktatur der taktisch sowie militärtechnologisch inzwischen hochkompetenten, doch politisch total tumben, zugleich massenmörderischen palästinensischen Hamas. Ebenso teuflisch: Hamas und Islamischer Jihad – beide von Teheran gesteuert – willigten gerne ein. Das beweist zweierlei.

Erstens: Die Führung des Iran hat Clausewitz verstanden: Krieg ist ein Instrument der Politik, kein Selbstzweck. Auch kein Instrument, um Rachegefühle und Mordgelüste auszutoben. Zweitens: Genau jenes blutrünstige Austoben ist seit über hundert Jahren unverändert die Gewalt„strategie" der jeweiligen Palästinenserführungen – auf Kosten des palästinensischen Volkes.

Selbstzweck ist keine politische Strategie

Ein Selbstzweck ist keine politische Strategie. Daraus folgt: Hamas und Jihad haben – aus Sicht der einfachen Palästinenser, die es freilich meistens noch nicht erkannt haben, tragischerweise – wie alle bisherigen „Eliten" ihrer Landsleute keine Strategie. Ganz anders der Iran.

Teheran erkannte: Die innerisraelischen Spannungen waren auf das israelische Militär übergeschwappt. Zahlreiche Reservisten hatten verkündet, ihren Dienst nicht mehr anzutreten. Deshalb mussten die aktiven Militärs ihre eigenen, eben jene protestierenden Reservisten, remotivieren. Das kostete Zeit, Kraft und Nerven. Genau die standen für das aufmerksame Beobachten der Gefahren von außen nicht zur Verfügung.

Deshalb konnte Hamas „Zahal“ mörderisch überraschen. Im Iran wusste man zudem um die Kraft der Hamas-Gewalt. Dass Israel, nach Vertreibung der Hamas aus dem eigenen Territorium, Hamas reaktiv und massiv im Gazastreifen angreifen und trotzdem, allerdings um einen hohen Preis an Menschen und Material, siegen würde, war Teheran klar.

"Bibi"-Koalition und Protestbewegung

Vor dem Hamas-Krieg hatte sich „Zahal“ auf einen heftigen Schlag gegen das kurz vor der Vollendung stehende iranische Atomprogramm vorbereitet. Es wäre unter normalen innenpolitischen Rahmenbedingungen dazu fähig gewesen. Der seit zehn Monaten von der „Bibi“-Koalition selbst verschuldeten Protestbewegung wegen, seit und nach dem Hamas-Krieg nun nicht mehr.

Der US-Flugzeugträger, der gen Israel steuert, würde nur defensiv eingesetzt, für den Fall, dass der Iran übermütig würde. Dafür ist man dort zu klug. Teuflisch klug. Der Iran kann weiter Nahost und Europa terrorisieren, die Region dominieren und sein Militär nuklearisieren. Der Westen schaut zu, und Israel droht Lebensgefahr.

Zuerst erschienen am 11. Oktober 2023 in der *Jüdischen Allgemeinen*.

15. Deutschland gibt den Friedensstifter – doch hintenrum fliessen Terror-Millionen an die Hamas

Der nach 2014 zweite Gazakrieg zeugt auch von deutschem Versagen. Außen- und innenpolitisch. Dieses Versagen ist um so bedenklicher, als nicht nur vieles falsch gemacht, sondern auch falsch gedacht wird. Und was falsch gedacht wird, kann nicht richtig gemacht werden. Das Versagen betrifft nicht nur die deutsche Politik, sondern auch die deutsche Nahost-Wissenschaft und die meisten Medien. Weshalb und wie könnten Politik und Medien mehr wissen und verstehen als die mehrheitlich politisierte und eher antiisraelisch programmierte deutsche Nahost-Wissenschaft? Auch diese hat bislang eher die Anlässe des jetzigen Krieges beschrieben als dessen Ursache oder gar die ihm zugrundeliegende Strategie.

Um die Hamas-Strategie zu verstehen, muss man über Israel-Palästina hinaus auf die gesamte Nahostregion schauen.

Die Iran-Connection

Die im Gazastreifen seit 2007 herrschende Terrororganisation Hamas ist, ebenso wie deren Rivale und Partner Islamischer Jihad der verlängerte Arm der iranischen Mullah-Diktatur. Über beide greift Teheran in den Israelisch-Palästinensischen Konflikt ein. Damit ist die geografische, politische und militärische Umzingelung Israels sowie der arabischen Golfstaaten vollendet, denn der Iran zieht die Fäden im Libanon, in Syrien, im Irak und im Jemen. Hinzu kommt die subversive Unterstützung der schiitischen Bevölkerungsmehrheit Bahrains, die sich von der sunnitischen Minderheit und Führung unterdrückt fühlt. Ähnlich die iranischen Aktivitäten im Osten Saudi-Arabiens. Nur dort liegen die Öl- und Gasreserven der Saudis. Im Osten Saudi Arabiens lebt die schiitische Minderheit des Landes. Sie fühlt sich von der sunnitischen Mehrheit unterdrückt. Das nutzt der Iran aus und verleiht durch eigenen Beschuss saudischer Ölanlagen im Osten ebenso Nachdruck wie durch Raketen seiner jemenitisch-schiitischen Huthi-Verbündeten auf städtische Zentren der Saudis. Was die Huthis im Jemen sind Hamas und Jihad im Gazastreifen.

Warum aber gerade jetzt Hamas-Iran-Raketen auf Israel? Weil der Iran ein brennendes Interesse an der Wiederbelebung des 2015 geschlossenen Atomabkommens hat. Einer seiner geistigen Väter war der damalige US-Vize- und heutige Präsident Joe Biden. Auch Deutschland mischte mit. Federführend war Außenminister Steinmeier. Damals Außenminister, heute Bundespräsident.

Das Atomabkommen von 2015 hätte zwar Irans weitere nukleare Aufrüstung um 10 bis 15 Jahre verzögert (nicht dauerhaft verhindert), aber durch den Vertrag floss viel Geld in die iranische Staatskasse. Mit diesem Geld begann der Iran seit 2015 mit der Umsetzung seiner regionalen Strategie, sprich: der konventionell militärischen Expansion in der Region. Teherans Mullahs retteten vor allem den syrischen Diktator Assad, die demokratisch (!) legitimierte Schiitendiktatur im Irak und rüstete massiv sowohl die Huthi-Rebellen im Jemen als auch die Hamas und Jihad in Gaza auf.

Vor Begeisterung über die scheinbare (nicht wirkliche) nukleare „Abrüstung" des Iran wollen Präsident Biden, Deutschland, EU und die „Internationale Gemeinschaft" das Abkommen wiederbeleben. US-Ex-Präsident Trump hatte es gekündigt. Er verschärfte die Sanktionen gegen Teheran. Der Iran verlor seine finanzielle Belohnung, die ihn nichts kostete. Dennoch sind Bidens USA, Deutschland und „die Welt" ob der vermeintlichen nuklearen Abrüstung des Iran so begeistert, dass sie gerne die iranische Umzingelungsstrategie entweder nicht erkennen oder nicht erkennen und jedenfalls nicht benennen wollen. Das gilt auch für die meisten Medien und Wissenschaftler. Von der Mehrheit der Bürgerinnen und Bürger ganz zu schweigen.

Der Iran hat seine Bedingungen für ein neues Atomabkommen allerdings so hochgeschraubt, dass sogar Präsident Biden, Angela Merkel und Heiko Maas zögern. Zeit also, aus Sicht Teherans, den Druck zu erhöhen. Die Vorgehensweise ist beides: knallharte Erpressung und meisterhafte ebenso wie zugleich und zutiefst menschenverachtende Strategie. Nur dumm, dass sie bei uns offenbar nicht erkannt wird. Stattdessen: hohle Phrasen und oft genug einseitige Aufforderungen an Israel, die Verteidigung einzustellen.

Was tun?
Was könnten Deutschland und unsere Partner tun? Sich nicht erpressen lassen. Besser kein Abkommen als ein schlechtes, das die Region und Israel zwar nicht atomar, sondern „nur“ konventionell verheert.

Die Friedliche Revolution verhindert

Vor Beginn des iranisch gesteuerten Hamas-Raketenkrieges war ein neues Koalitionsabkommen für Israel unterschriftsreif. Es beinhaltete eine friedliche Revolution. Erstmals in Israels Geschichte wäre eine arabische Partei Koalitionspartner geworden. Eine Sensation, ein Hoffnungsstrahl für echte jüdisch-arabisch-palästinensische Partnerschaft. Aus Sicht von Hamas und Jihad (= „Heiliger Krieg“) sollte genau das verhindert werden.

Was tun?
Deutschland und die EU müssen ihre als „humanitär“ getarnten Finanzhilfen an Hamas und dessen westliche Helfer und Helfershelfer (zum Beispiel BDS) unverzüglich einstellen. Das hat der Bundestag am 17. Mai 2019 letztlich auch gefordert, aber danach haben es, unter der Regie von Norbert Röttgen (CDU), diverse Politiker geschafft, dieses Ziel zu sabotieren. Nach wie vor fließen Millionenbeträge aus Deutschland und Europa zur Hamas. Dass kaum jemand in Nahost deutsche Lippenbekenntnisse der einen oder anderen Art ernst nimmt, überrascht daher nicht. Auch deshalb scheiden Deutschland und EU als Vermittler im Konflikt aus.

Israelgegner fordern Sanktionen gegen den Jüdischen Staat. Eine wahrlich seltsame „Bewältigung“ ns-deutscher Vergangenheit. Abgesehen davon würde sich Deutschland, wie Europa überhaupt, dadurch selbst schaden. Im IT-Bereich und bei der Terrorprävention ist Israel für den Westen insgesamt unverzichtbar. Es wird also bei deutschen Lippenbekenntnissen bleiben.

"Judenreines" Eigentum?

Gebetsmühlenartig heißt es: Auslöser der jetzigen Unruhen sei Jerusalem. Erstens die drohende Enteignung muslimischen Besitzes in Ost-Jerusalem und zweitens Israels Übergriffe in der al-Aqsa-Moschee. Jener Besitz war bis 1948 jüdisches Eigentum. Ähnlich wie bei den „Arisierungen“ seit 1933 in Hitlers Deutschland wurde dieses jüdische Eigentum von Palästinensern geraubt. Wie nach 1945/49 wollen die Beraubten ihr Eigentum nicht den Räubern überlassen. Anders als die Legende besagt, erhielten die deutschen Juden nach 1945/49 nie das einst geraubte Eigentum vollständig zurück. Auch nicht die israelischen nach der Annexion Ost-Jerusalems. Ja, nach 1948 hat auch Israel arabisches Eigentum geraubt. Doch erstens hat nicht Israel den Krieg 1947/48 begonnen, sondern die Palästinenser, später unterstützt von arabischen Staaten. Israel hat Entschädigungsangebote unterbreitet. Die beraubten Palästinenser hätten sie gerne angenommen. Die palästinensische Führung verhinderte das, um den Konflikt köcheln oder überkochen zu lassen. Wieder eine deutsche Parallele. Deutschland hat 1939 den Weltkrieg begonnen und Land verloren. Deutsche Eigentümer, auch unschuldige, bekamen es nicht erstattet. Das besiegte Deutschland fordert es nicht zurück. Zurecht. Gewiss, souveräne Sieger verzichten. Insofern ist Israel nicht besser als andere schlechte Sieger.

Die Allianz muslimischer, linker und rechter Judenhasser

Antisemitismus habe in Deutschland keinen Platz, hören wir. Wir hören und sehen: Er hat. Seine Träger sind Islamisten, Rechts- und Linksextreme. Deutschland fokussiert den Blick auf den rechtsextremen Judenhass. Kein Wunder, dass der islamistische und linksextreme sich entfalten. Verniedlicht oder ignoriert wird der „Islamogauchisme". So nennt man in Frankreich die Allianz von Islamisten und Linksextremisten. In einem Punkt sind sich Islamisten, Links- und Rechtsextreme seit jeher – und nicht erst seit 1968 – einig: in ihrem Juden- und Israelhass.

Deutschlands „Erfolge" im Kampf gegen den islamistischen Judenhass sind hörbar: 2014, vor der muslimischen Massenzuwanderung von 2015/16, schrie der Mob der Islamogauchisten auf deutschen Straßen „Juden ins Gas!" Im Mai 2021 schreien sie „nur" „Scheißjuden". Verkürzt ist das die Bilanz von Millionenbeträgen für Programme wie „Demokratie leben", neckische Koscher-kochen-Kurse oder Tandemfahrten von Imamen und Rabbis. Schau statt Substanz, Worte statt Taten.

Antisemitismusbeauftragte sollen den Judenhass bekämpfen. Wenn sie, wie Felix Klein, es nicht bei Symbolpolitik belassen, sondern unliebsame Wahrheiten benennen, werden sie attackiert. Hamburg ist das „beste" Beispiel für anti-antisemitische Symbolpolitik in Deutschland. Geld kosten sollte der Antisemitismusbeauftragte nicht. Hamburg wollte nichts zahlen und verzichtete auf den Experten schlechthin: Ahmad Mansour. Wie kein Zweiter ist er die Personifizierung muslimisch-jüdischer Freundschaft. Ein aus Israel stammender, hochkompetenter deutscher Muslim. Der Brückenbauer schlechthin. Ein Denker und Macher, kein Phrasendrescher. Hamburg entschied: Mansour? Nein Danke!

Frieden durch Föderalismus

Seit Jahrzehnten hören wir: Hier Israel, dort Palästina, zwei Staaten. Das sei die Lösung. Wer das will, rennt immer wieder mit dem Kopf gegen die Wand. Es ist kein Kennzeichen von Intelligenz oder Strategiefähigkeit, wenn der immergleiche Fehler wiederholt wird.
Was tun?
Neues denken. Zum Beispiel Frieden durch Föderalismus. Dessen immense Vorzüge werden auch in Deutschland von vielen verkannt. Wie also Frieden durch Föderalismus in Nahost? Das ist „ein weites Feld“. Wer es betreten will, lese das Buch „Zum Weltfrieden“.

Zuerst erschienen am 18. Mai 2021 auf *FOCUS online*.

IV. Erinnerungskultur

Erinnerungskultur hier, Erinnerungskultur dort, Erinnerungskultur überall in Deutschland. Zu viel? An die richtigen Personengruppen gewendet? Bis in die 1960er Jahre lebten in Deutschland fast nur „Alt-Einheimische“ bzw. „Bio-Deutsche“. Das hat sich seitdem grundlegend geändert. Hat sich die deutsche Erinnerungskultur im gleichen Maße geändert und dem bevölkerungspolitischen Wandel angepasst? Immerhin hat inzwischen ungefähr jeder Vierte in Deutschland Migrationshintergrund. Die heutigen und künftigen Deutschen sind demnach immer seltener direkte Nachfahren der Täter, Mitmacher und Mitläufer. Was folgt daraus?

16. Vom Elend deutscher Erinnerungskultur

Ein Unwort: Erinnerungskultur. Das *Ur*wort „Gedenken" passt besser. Wer der 6 Millionen ermordeten Juden und der 57 Millionen Toten des Zweiten Weltkrieges gedenkt, macht sich Gedanken, die durch Gefühle tiefer Betroffenheit ergänzt werden. Vor dem inneren Auge erscheint der Leiche-Himalaya der NS-Vernichtungshöllen. Dagegen erhebt der Begriff „Kultur" im Wort „Erinnerungskultur" das Höllische ins himmlisch Geistige. Der von Auschwitz ausgehende Leichengeruch wird *parfümiert*.

Die *Grundannahme* bundesdeutschen Gedenkens ist *total falsch*. Sie unterstellt, dass alle heutigen Deutschen direkte Nachfahren der NS-Zeit-Deutschen wären. Doch im Jahr 2020 hatten 21,9 Millionen der insgesamt 81,9 Millionen Einwohner in Deutschland einen Migrationshintergrund (Zugewanderte und ihre Nachkommen). Das entspricht einem Anteil von 26,7 Prozent an der Gesamtbevölkerung. Von den 21,9 Millionen Personen mit Migrationshintergrund waren 11,5 Millionen Deutsche und 10,3 Millionen Ausländer (52,8 bzw. 47,2 Prozent).

Das bedeutet: Wer sich beim deutschen Gedenken vom Gedanken der intergenerationellen Kontinuität aller in Deutschland Lebenden leiten lässt, denkt, redet oder schreibt kontrafaktisch an einem großen Teil der Deutschen vorbei: den Deutschen mit Migrationshintergrund. Heute stellen sie ein Viertel der Bürger, morgen mehr und übermorgen viel mehr.

Noch mehr: Das gedankliche und gefühlte Zusammenwachsen der Menschen in Deutschland – gerne „Integration" genannt – wird dramatisch erschwert. Was nämlich geht einen jüngst aus dem Irak, Iran, „Palästina", Ägypten oder Syrien zugewanderten Neudeutschen Auschwitz im Besonderen und das 6-millionenfache Judenmorden allgemein an? Scheinbar nichts, gar nichts – wenn man es, wie bisher vom Bundespräsidenten abwärts, weiter auf unrealistischen Annahmen basierend, zelebriert. Im Klartext: *Deutsches Gedenken im Heute richtet sich an die deutsche Gesellschaft von gestern und vorgestern.* Das wiederum bedeutet, dass sich morgen noch mehr Deutsche vom Holocaustgedenken abwendend sagen: „Geht mich nix an."

Aber es geht Neudeutsche *aus der Islamischen Welt*, genauer: aus Ägypten, „Palästina", dem Irak, Syrien und Iran sehr wohl etwas an. Nicht nur etwas, sondern sehr viel. Die dort Nachgeborenen stehen – *persönlich* als absolut Unschuldige – ebenso wie die nachgeborenen Altdeutschen in der Kontinuität ihrer Vorfahren. Den Untaten der Vorfahren gilt jedes Gedenken der Nachfahren. Das gilt für Alt- und Neudeutsche gleichermaßen. Genau dabei *muss künftig alt- und neudeutsches Gedenken zusammengeführt werden.*

Historisch konkret, Beispiel eins: Die ägyptischen Offiziere, die König Faruk 1952 stürzten und 1956 mit politischer Nachhilfe der USA die Briten aus ihrem Land vertrieben, hatten Anfang der 1940er Jahre gezielt die Zusammenarbeit mit Hitler-Deutschland gesucht. Der Sieg der Briten gegen „Wüstenfuchs" Rommel und seine Soldaten bei el-Alamein im Herbst 1942 vereitelte diese Hoffnung. Man kann sich mühelos ausmalen, welches Schicksal die Juden Palästinas erwartet hätte, wäre aus jener Hoffnung Wirklichkeit geworden. Nach 1945 fanden alte NS-Kämpfer in Ägypten Unterschlupf. Ehemalige NS-Raketenbauer entwickelten dort neue Raketen, die gegen Israel eingesetzt werden sollten. Gemeinsame deutsch-israelische Bemühungen, diplomatische wie gewaltbegleitete, bereiteten dem ägyptisch-ns-deutschen Raketenspuk Mitte der 1960er Jahre ein Ende. Kein Thema für alt- *und* neudeutsches Gedenken?

Beispiel zwei: Der Führer der damaligen Palästinensischen Nationalbewegung, der Großmufti von Jerusalem, Amin el-Husseini, bekam 1936 bis 1939 beim antibritischen und antizionistischen Aufstand in seiner Heimat nicht nur von den ns-filtrierten deutschen Templern

Unterstützung, sondern auch aus Hitlers Deutschland. Kein Thema für alt- *und* neudeutsches Gedenken?

Gleiches gilt – Beispiel drei – für el-Husseinis im Mai 1941 unternommenen Versuch, gemeinsam mit irakischen Nationalisten, die Briten aus dem strategisch so wichtigen Mesopotamien zu vertreiben. Der Versuch scheiterte, und über den Irak konnte die Sowjetunion mit westlichem Waffennachschub im Krieg gegen Hitler-Deutschland versorgt werden. Der Großmufti floh nach Deutschland, wurde von Hitler empfangen und mobilisierte als Holocaust-Gehilfe auf dem Balkan Muslime für die SS. Kein Thema für alt- *und* neudeutsches Gedenken?

Beispiel vier: Aus Rache für die Niederschlagung des irakisch-palästinensischen Aufstands wurden rund 200 irakische Juden bei dem Pogrom vom 1. und 2. Juni 1941 von ihren Landsleuten ermordet. Noch mehr wären es sicher gewesen, wenn die Aufständischen gesiegt hätten. Kein Thema für alt- *und* neudeutsches Gedenken?

Beispiel fünf: Nach 1945 fanden viele alte NS-Kämpfer auch in Syrien Unterschlupf und einen ruhigen Lebensabend. Einer von ihnen Alois Brunner, einer der engsten Mitmörder von Massenmörder Adolf Eichmann. Kein Thema für alt- *und* neudeutsches Gedenken?

Beispiel sechs: Nach dem Überfall Hitler-Deutschlands auf die Sowjetunion (22. Juni 1941) herrschte im Iran ein ns-freundlicher Schah. Die britisch-sowjetische Invasion vom 24. August bis zum 10. September führte zu seiner Absetzung. Als Nachfolger wurde sein Sohn Mohammad Reza Pahlavi von den Siegern inthronisiert. Nun erst war der Waffennachschub vom Irak über den Iran in die Sowjetunion und damit langfristig der Sieg über NS-Deutschland gesichert. Eben jener seit jeher unpopuläre Sohn wurde als Schah im Februar 1979 von Revolutionsführer Chomeini und den iranischen Massen gestürzt und vertrieben. Das wirkt sich bis heute auf die deutsch-iranischen Beziehungen und, ja, auf Irans Stellung in der Welt aus. Kein Thema für alt- *und* neudeutsches Gedenken?

Auch *jenseits der Islamischen Welt* ist deutsches Holocaust-Gedenken zu germanozentrisch. Zweifellos gilt: Der Tod war „ein Meister aus Deutschland". Aber der deutsche Mordmeister hatte viele willige Gesellen. Nicht Widerstand (Résistance oder Resistenza) war die Regel während der ns-deutschen Besatzung, sondern *Kollaboration.* In Frankreich war Jacques Chirac 1995 der erste französische Präsident, der dieses heikle Thema an- und aussprach. In Spanien wird seit 1975 die Kooperation Franco – Hitler längst thematisiert. In Polen ringt die gegenwärtige Regierung diejenigen nieder, die Fakten darüber vorlegen, wie sich Polen am Judenraub und -morden beteiligten. In Italien schwärmt man immer noch eher von der Resistenza und schweigt über Kollaboration – auch nach Mussolinis Sturz im September 1943. Die Niederlande sonnen sich in der Menschlichkeit des Ehepaares Gies, das Anne Franks Familie versteckte. Die vielen Denunzianten, die Juden ans Messer lieferten, werden beschwiegen. Die Schriftsteller Maarten t´Hart und Harry Mulisch, die ihr Werk diesem Thema grandios widmeten, sind eher die niederländische Ausnahme. In Griechenland fordert man lieber von Deutschland Reparationen als sich der Tatsache zu stellen, dass es nach der Befreiung von der deutschen Besatzung so gut wie keine Rückgabe geraubten jüdischen Eigentums gab.

Die Nachfahren der Täter sind keine Täter, und die Nachfahren der Opfer sind keine Opfer. Wenn beide „Europäische Werte", also Menschlichkeit als Lebensbasis, wollen, haben sie eine gemeinsame Aufgabe: gemeinsam, jeder von seiner Seite aus, eine Brücke über den Abgrund der Vergangenheit zu bauen. Wer Europa will und von „Europäischen Werten" spricht, muss sich gemeinsam den Zeiten und Menschen widmen, die gegen diese Europäischen Werte verstießen. Wer dieser Maxime folgt, relativiert nichts und niemanden, sondern macht sich im Gedenken an das entsetzliche europäische Gestern Gedanken über das heute so viel bessere und morgen hoffentlich noch bessere Europa.

Zuerst erschienen am 28. November 2021 unter dem Titel *Die deutsche Erinnerungskultur liegt auch in der Verantwortung der Neudeutschen* in der *Welt am Sonntag.*

17. Zu deutsch? Gedenken und Trauern in Deutschland

Deutschland trauert und gedenkt gedanklich unzureichend, widersprüchlich und inhaltlich zu deutsch. Zumindest amtsdeutsches Trauern und Gedenken orientiert sich an einem „Deutschen Volk“, das es so, wie suggeriert, gar nicht mehr gibt. Die deutsche Trauer-und-Gedenk-Ideologie entspricht längst nicht mehr der neudeutschen Demografie. Sie ist zudem als „Erinnerungskultur“ gedanklich falsch und teils sogar heuchlerisch.

Erinnern oder gedenken und trauern?

Ich vermeide dabei das Modewort „Erinnerungskultur“, weil es pseudointellektuelles Geklingel ist, das den Sachverhalt des gemeinten Erinnerns nicht wiedergibt, denn: Weder individuell noch kollektiv können sich Nachfahren an die Erlebnisse, Taten oder Untaten ihrer Vorfahren „erinnern“. Die deutsche „Erinnerungskultur“ widmet sich besonders und zurecht dem sechsmillionenfachen Judenmorden („Holocaust“), das, ebenfalls zurecht, als „Zivilisationsbruch“ bezeichnet wird. Dabei brach in und aus Deutschland Zivilisation, also der Schutz des Menschen vor dem Menschen, politisch gewollt und gesteuert, in sich zusammen. Die deutsche Erinnerungskultur widmet sich zudem, ebenfalls zurecht, beiden Weltkriegen. Kaum ein heute in Deutschland Lebender kann sich an jene Entsetzlichkeiten erinnern. Erinnern betrifft allein das individuell oder kollektiv selbst Erlebte. „Ich erinnere mich“ an jemanden oder etwas – also reflexives Verb. Dieses Erinnern bezieht sich eindeutig auf Vergangenes.

„Ich erinnere dich an jemanden oder etwas“. Hier ist „erinnern“ ein transitives Verb. Ich erinnere dich an Vergangenes – aber nicht selbst Erlebtes. „Ich erinnere dich“ an etwas, das noch erledigt werden muss, also an Künftiges.

Der Begriffsexkurs ist kein Glasperlenspiel, denn: Abgeleitet vom doppeldeutig Sprachlichen beinhaltet praktizierte „Erinnerungskultur“ zwei Möglichkeiten. Erstens, dass Person A bzw. der Volkspädagoge Person B oder viele andere an das erinnert, was B und die anderen möglicherweise vergessen haben oder was sich A von B und den übrigen künftig wünscht. Konkret in Deutschland: die Beschäftigung mit und die, versteht sich zurecht, totale Ablehnung sowie Verachtung von Holocaust, anderen deutschen Massenmorden, deutschen Hegemonieallüren, durchdrungen von deutschem Herrenmenschentum in Vergangenheit, Gegenwart und Zukunft. Das alles ist nötig und löblich, bedeutet aber Gedenken und Trauern, doch nicht Erinnern, denn: Das im Heute angestrebte Erziehungsziel liegt in der Zukunft und bezieht sich auf Vergangenes. Das wiederum bedeutet: Person A, der Volkspädagoge, erinnert Person B und die übrigen an das, woran sich A, weil vor der eigenen Lebenszeit geschehen, so wenig erinnern kann wie die zuhörenden, lesenden oder schauenden Zielgruppen. Auf diese Weise verkommt die Beschäftigung mit der Tragödie unfreiwillig zur Komödie. Der Volkspädagoge wirkt nicht nur unauthentisch, er ist es – und überzeugt deshalb nicht. Mit Grinsen oder Grausen wenden sich die Zielgruppen ab und rufen „Schluss“. Wer hierzu den „Schlussstrich“ verlangt, gehört daher keineswegs automatisch zur Gruppe der Ewig-Böswiligen, -Gestrigen oder -Unbelehrbaren.

Zeitzeugen

Nochmal: Auch die Nachfahren der deutschen Täter, die sich „gegen das Vergessen“ tatkräftig einsetzen – und das ehrt sie – können sich nicht an die NS-Megaverbrechen erinnern. Nicht zuletzt deshalb aktivieren sie überlebende Zeitzeugen. Bezogen auf den Holocaust vorwiegend jüdische, versteht sich. Es waren ohnehin nicht mehr viele, und es wurden im Laufe der Jahrzehnte naturbedingt immer weniger. Folglich mehren sich die Sorgen, das Aussterben der Zeitzeugen würde zum Vergessen führen. Ein krasser Irrtum. Stimmte nämlich der Grundgedanke dieser Annahme, gäbe es überhaupt kein Wissen über Vergangenes bzw. Geschichte. Dass Caesar im Jahre 44. v. Chr. ermordet wurde, wissen wir, obwohl kein Zeitzeuge mehr lebt. Gleiches gilt für die Kreuzzüge et cetera et cetera. Und daraus folgt: Auch ohne Zeitzeugen bzw. Erinnerung kein Vergessen – wenn man nicht vergessen will. „Gegen das Vergessen“? Gewiss! Dann aber müssen die Volkserzieher vor allem gedanklich anders ansetzen. Ein Weiter-So würde das Gegenteil vom Gewollten bewirken und sie der Unglaubwürdigkeit und Lächerlichkeit preisgeben.

Wir erkennen: Aus dem scheinbaren Glasperlenspiel des Sprachlichen folgt Hochpolitisches: „Erinnerungskultur“ ist letztlich ein gedanklicher und sprachlicher Mischmasch, also ein Unding. Wer nicht richtig formuliert, hat zuvor nicht richtig gedacht. Womit bereits außer dem fehlenden demografischen Bezug zur neudeutschen Wirklichkeit ein weiteres Defizit deutscher „Erinnerungskultur“ bzw. Volkspädagogik erkannt und benannt wäre. Es trifft die selbst ernannten oder amtlich bestallten Volkspädagogen in Politik, Kultur, Medien und Wissenschaft.

Fazit 1: Man sollte auf den Begriff „Erinnerungskultur“ verzichten und spreche besser wieder von „Gedenken“ und „Trauer“ als Teil neudeutscher Staatsethik. Beim Gedenken macht man sich (hoffentlich) Gedanken, und deshalb trifft der Begriff „Gedenken“ das hier ethisch oder politisch Gewollte besser als das Wort „Erinnerung“.

Ob das jeweilige Gedenken allerdings mehr phrasen- als gedankenreich ist, mag dahingestellt bleiben. Wer im Laufe der Jahre die versteinte deutsche Gedenkkultur kennenlernte, neigt wohl eher zur Resignation. Sie ist mehr inflationiertes Ritual als Kultur und hat deshalb jeglichen Respekt verloren. Wie jede Inflation führt auch diese zum Wert- und, noch viel schlimmer, Werteverlust. Die um Schuld und Sühne im Kern ethisch absolut richtigen und notwendigen Gedanken bzw. Inhalte werden durch die längst versteinten Formen total entwertet. Das Gegenteil vom ursprünglich Gewollten wird erreicht. Selbstverschuldet. Kontraproduktiv oder zumindet wirkungslos.

Abstrakt und daher wirkungslos

Wirkungslos ist das deutsche Gedenken und Trauern, weil es oft zu abstrakt ist. Am Beispiel des Volkstrauertages sei diese These verdeutlicht. Seit 1990 gedenkt Amtsdeutschland aller, wohlgemerkt aller, Opfer „von Kriegen, Gewaltherrschaft und Terrorismus" sowie, den außenpolitischen Veränderungen seit 1995/99 folgend, der bei Auslandseinsätzen der Bundeswehr gefallenen deutschen Soldaten.

Dieses bundesdeutsche Ethos ist sehr sympathisch. Es ist jedoch viel zu abstrakt. Abstraktes weckt keine Gefühle. Abstraktes nehmen wir wie Vokabeln auf. Sie sind leblos. Abstraktes ist deshalb wirkungsschwach. Das bedeutet bezüglich individueller und kollektiver Trauer: Je ferner und fremder und abstrakter die zu Betrauernden, desto geringer die echte, innere Anteilnahme.

Abstrakt und fern scheint den meisten heutigen Deutschen der Krieg an sich. Dabei ist er so nah. Stichwort: Ukraine. Aber auch schon zuvor die Balkankriege von 1991 bis 1999. Die Menschen flohen und fliehen zu uns – und trotzdem blieben uns diese Kriege fern. Das ist sowohl realitätsfern als auch unethisch.

Den Toten soll ein in der Gegenwart wirkendes Nachleben verschafft werden. Wie Wolf Biermann es bezogen auf „seine" Toten sagt, sollte es sein: „Wir leben ewig bis in den Tod! / Nicht alle, aber *meine* Toten leben. / Nur: Sie sind nicht mehr da."

Wer mit Vokabeln nur Kopf und Verstand anspricht, erreicht nicht die Seele und das Herz der Menschen. Man mache sich nichts vor. Wer alle betrauert, betrauert niemanden. Und wer Krieg, wie jetzt, vornehmlich als Preistreiber betrachtet, trauert nicht um Menschen, sondern um materiellen Wohlstand.

Trauer ist höchst privat und im Kollektiven nur erlebbar und erreichbar, wenn die zu Betrauernden erkannt und benannt werden und nicht im Allerweltswort „alle“ unerkannt und unkenntlich bleiben. Keiner kann alle betrauern, weil keiner alle kennt. Wer alle betrauert, betrauert niemand. Womit erkennbar wird: Der Inhalt des amtsdeutschen Gedenkens und Trauens ist, nicht nur am Volkstrauertag, eine Leerformel.

Daraus folgt meine Empfehlung: Die Inhalte des deutschen Volkstrauertages sollten konkretisiert werden, um Herz und (!) Verstand zu erreichen. Den jeweiligen Toten soll Nachleben eingehaucht werden, damit die Lebenden um sie trauern, sie würdigen und Lehren aus dem Leben und Sterben der Toten ziehen können. Individuell ebenso wie kollektiv, zum Nutzen unserer Demokratie.

Der Begriff „Volkstrauertag“ in Deutschland und für Deutsche unterstellt unausgesprochen, dass es sich um ein und dasgleiche, gar dasselbe deutsche Volk handelt. Dem ist aus chronologischen, biologischen und demografischen Gründen nicht so. 1922 bzw. 1925 war das deutsche Volk mehr oder weniger homogen, die NS-Verbrecher versuchten es „endgültig“ zu homogenisieren bzw. zu „arisieren“. Das gelang ihnen nicht – dank den Siegermächten des Zweiten Weltkrieges, allen voran der US-Demokratie und, unbestreitbar, der Roten Armee des Millionenmörders Stalin, wobei der Verweis auf Stalin wiederum zeigt: Auch Befreiung ist mehr als ethisch eindimensional.

Zurück zur Kernfrage: Wer oder was ist das deutsche Volk heute? Die Demografie beantwortet die Frage.

Zur Demografie deutscher Gedenk- und Trauerideologie

Wir kommen zum größten Defizit deutschen Gedenkens und Trauerns: dem fehlenden Bezug zur neudeutschen Demografie und, daraus abgeleitet, der deutschen Gedenk- und Trauerideologie.

Derzeit haben rund 22 Millionen Menschen in Deutschland, also mehr als ein Viertel der Bevölkerung, einen Migrationshintergrund. 53% dieser 22 Millionen sind deutsche Staatsbürger. Unter den Jüngeren ist der Migrantenanteil deutlich höher. Der Migrantenanteil aller in Deutschland lebenden Kinder unter fünf Jahren beträgt vierzig Prozent. Von den genannten 22 Millionen stammen knapp 3 Millionen bzw. 13% aus der Türkei, 2,2 Millionen bzw. 9% aus Polen, 1,3% aus Russland, etwa je eine Million aus Rumänien, Italien, Kasachstan, Syrien (1995 aus allen arabischen Staaten 261.000), Bosnien-Herzegowina und dem Kosovo sowie neuerdings und natürlich kriegsbedingt aus der Ukraine.

Die bisherige Ideologie und Praxis des deutschen Gedenkens und Trauerns bezüglich beider Weltkriege sowie des Holocaust sind ausschließlich germanozentrisch. Aus gutem Grund, denn der Tod war „ein Meister aus Deutschland". Dieser Germanozentrismus im Gedenken und Trauern führt ungewollt zu einer Paradoxie. Er signalisiert einem Viertel der deutschen Bevölkerung: „Ihr habt mit all´ dem nichts zu tun, denn wir, unsere Vorfahren, waren die Täter." Das ist vonseiten der deutschen Volkserzieher, die sich um Integration der neudeutschen Staatsbürger und Einwohner redlich bemühen, durchaus gut gemeint und selbstkritisch, grenzt aber die neuen, alles andere als unerheblichen deutschen Bevölkerungsgruppen aus. Das „Ihr habt damit nichts zu tun" beinhaltet zugleich eine zweite Dimension, nämlich diese: „Ihr gehört nicht zum deutschen Wir." Zu jedem Wir einer Gesellschaft gehört nun einmal nicht nur ihre Schokoladenseite.

Waren alle Opfer wirklich nur Opfer oder zuvor auch Täter? Man denke an die getöteten Männer der Einsatzgruppen. Opfer? Sind die getöteten Söldner der russischen „Gruppe Wagner" Opfer, obwohl sie vorher brutale Morde begangen hatten? Wollen wir etwa auch ihrer, weil „aller", gedenken? Inakzeptabel, undurchdacht und absurd.

Im Klartext: Deutsches Gedenken und Trauern ist eindimensional. Kein Wunder, dass sich die neudeutschen Bevölkerungsgruppen mit einem „Geht mich nichts an" abwenden. Das ist die eine, die sanfte

Version der Reaktion. Die zweite: „Schluss mit der Judenkiste. Wir, unsere Vorfahren in Ost- und Südosteuropa oder auch in Nahost waren mindestens ebensolche Opfer der Deutschen wie die Juden." Richtig oder falsch, einem deutschen Wir von Alt- und Neudeutschen ist diese Sichtweise abträglich. Folglich verfehlt das bisherige deutsche Gedenken und Trauern das er- und gewünschte Ziel der Integration. Wieder ist gut gemeint das Gegenteil von gut gemacht.

Das gilt erst recht bezogen auf die historischen Fakten. Sie betreffen sowohl das deutschpädagogische „Ihr habe nichts damit zu tun, denn wir, unsere Vorfahren, waren die Täter" als auch das neudeutsche „Wir, unsere Vorfahren, waren mindestens ebensolche Opfer". Zweifellos war der „Tod ein Meister aus Deutschland", doch er hatte im Herrschaftsgebiet der Deutschen Wehrmacht, mit Ausnahme der jüdischen Opfer, zahlreiche willige Gesellen. Entweder aus nationalen Interessen, aus traditionellem Antisemitismus oder aus beiden Gründen. Daraus folgt: Holocaust und zumindest Zweiter Weltkrieg gehen auch die Neudeutschen sehr wohl und mehr als nur etwas an.

Man muss kein Prophet sein, um vorherzusagen, dass wir beim nächsten großen deutschen Traueranlass, dem Gedenken an den Holocaust am 27. Januar 2023 im Bundestag, wieder das alte Bild von Deutschland und „den" Deutschen präsentiert bekommen. Um die eher kontraproduktive pädagogische Wirkung dieser und anderer bevorstehender deutscher Amtstrauer bei den Neudeutschen vorherzusagen, bedarf es ebenfalls keiner prophetischen Gaben.

Wie die Nachfahren der Altdeutschen sind die Nachfahren der Neudeutschen nicht schuld an den Verbrechen ihrer Vorfahren. Wenn jedoch von den Nachfahren der Altdeutschen das Gedenken und Trauern über die ns-deutschen Verbrechen als Staatsraison im heutigen Deutschland gewünscht, praktiziert und die Haftung (nicht Schuld!) übernommen wird, ist es weder ethisch noch historisch-faktisch oder selbst funktional-integrationspolitisch akzeptabel, den Neudeutschen zu signalisieren: „Ihr habt damit nichts zu tun".

Ich habe mich auf historische Fakten bezogen. Ich muss sie, wenn auch nur summarisch, benennen und bewerten, weil Gedenken und Trauern, zumal staatlich-politisches, ohne Bewertung undenkbar sind.

Anders als beim Kochen und Backen gibt es für individuelle und erst recht kollektive Trauer keine Rezepte, wohl aber Leitgedanken und Leitgefühle. Ich nenne nur das Beispiel von Deutschen, deren Vorfahren oder sie selbst aus muslimischen Staaten stammen. Sie sind einerseits Deutsche. Andererseits sind viele emotional, kulturell und religiös mit ihren muslimischen Herkunftsländern verbunden. Und doch gibt es auch für sie faktenbasierte Bezüge zum deutschen Gedenken und Trauern.

Beide Weltkriege sowie der Holocaust haben deutsch-arabisch-muslimische Bezüge, denn: Führende arabische und islamische Akteure haben mit Hitler-Deutschland freiwillig kooperiert. Etwa der Judenhasser und -bekrieger Amin el-Husseini, Großmufti von Jerusalem. Er hatte den Arabischen Aufstand von 1936 bis 1939 gegen Zionisten und Briten in Palästina an- sowie den durchaus antikolonialistischen und dadurch antibritischen bzw. prodeutschen Aufstand im Irak (Mai 1941) mitangezettelt. Beide Aufstände scheiterten. Der Großmufti fand politisches Asyl in Hitlers „Großdeutschland". Im November 1941 empfing ihn der „Führer" persönlich. Der Dank des Islamisten folgte bald, wenngleich man damals diesen Begriff noch nicht, wohl aber dessen Inhalt anwandte, also: Kampf dem Westen, den gottlosen Kommunisten – allesamt natürlich „verjudet" – und natürlich „den" Juden. Konkret: Der Großmufti mobilisierte auf dem Balkan Muslime für die Waffen-SS. Vergleichbar das Verhalten von Muslimen im Kaukasus. Mit Hitler-Deutschland wollten sie sich von Stalins Terrorstaat Sowjetunion lösen. Ähnlich nicht wenige Ukrainer und Weißrussen, erst recht Wolgadeutsche und andere Minderheiten in Russland, auch antikommunistische Russen. Von der sowjetischen Besetzung seit 1939/40 wollten sich, ebenfalls mit ns-deutscher Hilfe, Polen und Balten befreien. Sie alle, aber unter ihnen wahrlich nicht alle und doch zu viele, wurden Mordmeister Hitlers willige Gesellen.

Jene deutsch-arabische Freundschaft der NS-Zeit auf Kosten von Juden in Palästina und Europa wurde, weitgehend ungebrochen, nach 1945 fortgesetzt. Noch heute ist von ihr die Rede. Außen- und wirtschaftspolitisch hat sie der Bundesrepublik Deutschland ebenso wie der DDR genutzt. Benutzt wurde sie von beiden Seiten. Lange Zeit war (ist?) das Auswärtige Amt (AA) der Bundesrepublik Deutschland, besonders dessen Korps, eine Hochburg des antizionistischen bzw. antiisraelischen Proarabismus. Nachzulesen besonders bei Remko Leemhuis *Ich muß deshalb dringen von jeder zusätzlichen Aktion für Israel abraten. Das Auswärtige Amt und Israel zwischen 1967 und 1979* (2020). Auch andere wissenschaftliche Studien ebenso wie meine persönlichen Erlebnisse bestätigen die Ergebnisse von Leemhuis und Kollegen. Amtsdeutscher Zynismus, Heuchelei, statt ehrlichen Gedenkens und Trauerns. Daraus ergibt sich folgende Frage: Wie doppelbödig kann oder darf Trauer sein? Und wenn doppelbödig, welche ist ehrlich? Eine, beide, keine?

Angesichts der Tradition des Auswärtigen Amtes war es nicht überraschend, dass der langjährige Bundesaußenminister Steinmeier als Bundespräsident im Mai 2017 am Grab Jassir Arafats mit markantem Trauergesicht einen Kranz im Namen der Bundesrepublik Deutschland niederlegte. Für ihn und das Auswärtige Amt war Arafat Palästinenserführer und Träger des Friedensnobelpreises, Israel und der Jüdischen Welt gilt er als Mega-Terrorist.

Alte NS-Kämpfer, -Techniker und KZ-Größen, die dem „Führer" nicht zuletzt militärtechnologisch gedient hatten, auch hochgestellte, fanden nach 1945 besonders in Ägypten und Syrien Unterschlupf. Ihren Kampf gegen das „Weltjudentum" setzten sie zum Beispiel als Raketenbauer gegen Israel in Nassers Ägypten fort. Erst auf massiven israelischen Druck reagierte die Bundesrepublik und brachte sie gegen ihren eigentlichen Willen „heimwärts".

Muslimische NS-Kollaborateure aus dem Kaukasus gründeten in München-Freimann eine Moschee, die später, sozusagen unter den

Augen des bundesdeutschen Staates, zur Schaltstelle des internationalen Islamismus wurde. Nachzulesen in Stefan Meinings Studie *Eine Moschee in Deutschland* (2011).

Das alles ist eigentlich nicht nur dem kleinen Kreis von Fachleuten bekannt. Es wird jedoch aus Angst oder Opportunismus selten benannt. Deshalb ist es der breiten Öffentlichkeit unbekannt. Unbekannt, weil unbenannt – und auch, ja, unter sowie von Experten, ebenfalls aus Opportunismus oder Angst um die eigene Karriere, unerwähnt. Die logische Folge: Viele Muslime in Deutschland und Europa halten die Auseinandersetzung mit Weltkriegen und Holocaust für ein Problem der Altdeutschen und ihrer Nachfahren, bar jeder Gegenwartsbezogenheit für Millionen muslimischer Neudeutscher. Dieses Defizit an Wissen und Gefühlen haben nicht allein sie als Neudeutsche zu verantworten, sondern die zuständigen Altdeutschen in Politik, Gesellschaft, Medien und, ja, Wissenschaft.

Hinzu kommt, dass auch gutwillige Muslime in der Regel sowohl religiös – siehe Koran und die spätere schriftlich fixierte Überlieferung – als auch herkunftsbedingt nahostpolitisch nicht gerade judenfreundlich geprägt sind. Durch Verschweigen der historischen Fakten versucht deutsches Gedenken und Trauern nicht einmal, diese Mauer muslimischer, sagen wir diplomatisch, Judendistanz niederzureißen. Einerseits. Andererseits Schuldbekenntnisse der nachgeborenen deutschen Volkspädagogen. Wie glaubhaft können solche Erzieher nicht nur Juden gegenüber sein, deren tagespolitischer Opportunismus oder (bestenfalls) ihr krasses Unwissen so offenkundig ist?

Wenn alle Deutschen, die alten und neuen, im Gedenken und Trauern vereint sein sollen – und sie sollen – dann wird es höchste Zeit, die jeweiligen Wissens- und Gefühlslücken der Neu- und Altdeutschen zu schließen. Wer nämlich nicht gemeinsam trauern kann, kann auch nicht gemeinsam feiern.

Zuerst erschienen am 27. Januar 2023 unter dem Titel *Hinweg mit der deutschen Erinnerungskultur* in der *Frankfurter Allgemeinen Zeitung*.

18. Gnadenvolles Verschweigen oder "Gegen das Vergessen"?

„Gegen das Vergessen“ – das ist amtsdeutsches Dogma. Historisch, psychologisch und volkspädagogisch verständlich, berechtigt, notwendig und sympathisch. Eigentlich. Doch das total versteinte deutsche Erinnerungsritual ist selbst Gutwilligen oft kaum noch erträglich.

Das „Recht auf Vergessen“ fordert der Historiker Wolfgang Reinhard (FAZ, 10. Januar 2022). Seine Kritik an der deutschen Erinnerungs„kultur“ ist daher teilweise berechtigt. Seine mit antisemitischen Klischees gespickte, scheinwissenschaftlich überpinselte Sprache und sein begrenztes Wissen über Jüdisches jedoch disqualifizieren ihn. Für ihn ist deutsches Erinnern ein von Israel, Juden und den USA den Deutschen sowie der Welt aufgepfropftes Mach- und Machtwerk, Erinnern „jüdischer Art“. Das Klischee der „Jüdischen Weltmacht“, hier ist´s Ereignis. Und der Holocaust? Für Reinhard nicht die Strategie der „Endlösung“, sondern die „zufällige Häufung tragischer Einzelschicksale“. Die Verniedlichung des Holocaust hat in Teilen der Historikerzunft Methode, denn wenig wissend werden sechs Millionen Juden neuerdings mit den Verbrechen des Kolonialismus verrechnet.

Der Appell „Gegen das Vergessen des Sechs-Millionen-Judenmordens“ stößt empirisch in die Leere. Wer glaubt ernsthaft, dass Wissenschaft, Politik oder Medien ausgerechnet dieses Urverbrechen „vergessen“ könnten? Ist der Mord an Caesar (44 v. Chr.) vergessen? Die Kreuzzüge von 1096 bis 1291? Die Große Pest ab 1348? Wer genau sind die Vergessenden oder die Nicht-Vergessenden? Hat, wer heute vergisst, gestern gewusst und wenn nicht gewusst, nicht wissen, aber wirklich vergessen wollen? Und was wann warum nicht wissen wollen?

Der Aufruf „Gegen das Vergessen“ ist empirisch, gedanklich und begrifflich falsch. Gemeint ist: „Gegen das Verdrängen“ und noch mehr

„Gegen das Verherrlichen der NS- oder anderer Megaverbrechen". Was gäbe es, selbst aus der Sicht hartherzigster Deutscher, an der NS-Ära zu verherrlichen? Die wegen der NS-Aggressionen erfolgten Folgen: Millionen toter Deutscher, zerstörte deutsche Städte und Infrastruktur oder die wankend-wandelnden Toten, die aus den Vernichtungshöllen befreiten Juden?

Manchmal ist die gute medial, öffentlich-rechtliche und somit letztlich interparteiliche Absicht bestenfalls doppelbödig, um nicht zu sagen: heuchlerisch. Ein Beispiel von vielen: Der WDR zählt zu den deutschen Sendern, die sich einerseits zweifellos um das Nicht-Vergessen des NS-Judenmordens bemühen. Andererseits wollte man eine Journalistin einstellen, die offen und öffentlich antisemitische Äußerungen verbreitete. Nach Proteststürmen gab der WDR seine Absicht auf. Dann übernahm sie ausgerechnet das ZDF, das in einer Serie über deutsche Geschichte im 20. Jahrhundert „den" Juden die Schuld am Münchener Schwarzmarkt nach 1945 in die Schuhe schiebt.

Im Kampf „Gegen das Vergessen" ist auch die die Außenvertretung Deutschlands unehrlich. Etwa in der UNO und ihren Unterorganisationen. Wer, wie auch Deutschland in der UNESCO, bestreitet, dass der Tempelberg untrennbarer Teil jüdischer Geschichte wäre, hat nicht nur vergessen, sondern nichts gewusst, wollte vergessen oder „die" Juden provozieren. Moralisieren und Moral sind auch „Gegen das Vergessen" nicht immer deckungsgleich.

Was spräche für die „Gnade des Verschweigens"? Es bedeutet keinesfalls Vergessen schlechthin, sondern kein versteintes, inflationiertes und somit entwertetes Erwähnen. Wissen und negatives Werten des Einst-Geschehenen sind erstens normativ, axiomatisch vorauszusetzen und zweitens durch verändertes Handeln zu beweisen. Das Wort muss ehrlich werden, nicht mehr geheuchelt oder nur artig protokollarisch. Wort und Tat müssen identisch werden. Dass sie es nicht (immer) sind, beweist der Umgang mit den Antisemitismusbeauftragten von Bund und Ländern. Hamburg suchte und fand einen Experten.

Der war bereit, muss aber – wie seltsam – seine Familie ernähren, also honoriert werden. Ja, sagte Hamburg, „honor" als Ehre ja, sonst nein. Amtsträger erfüllen Alibifunktionen. Wenn sie, wie Felix Klein, ihre Aufgabe bzw. ihr Wort in die Tat umsetzen, werden sie scharf angegriffen.

Phrasen beweisen keine Umkehr. Nur Taten – von Politik und Gesellschaft. Umkehr, hebräisch „tschuwa", bietet ein Wortbild: Wer umkehrt, kehrt zum Pfad (der Tugend) zurück. Erst Abkehr von Verbrechen. Wie nach 1945 zunächst machtpolitisch, dann mehrheitlich auch moralisch geschehen. Der Abkehr folge Umkehr, verstanden als Tat und nicht als Floskel. Umkehr bietet jedem eine zweite Chance. Jedermanns Möglichkeit zur Umkehr gehört zum Kern jüdischer sowie christlicher Ethik. Durch Verbrechen gerät die Welt aus den Fugen, sie wird zerstört. Individuelle oder kollektive Umkehr schafft Frieden. Nicht zuletzt durch die Gnade des Verschweigens. Nichts wird dadurch ungeschehen oder vergessen.

Deutschland bekam nach den NS-Urverbrechen zwei zweite Chancen zur Umkehr in Freiheit. Zunächst nur der deutsche Westen als BRD, dann, ab 1990, das vereinte Deutschland. Trotz der „Angst vor Deutschland", sogar noch 1989/90 weltweit wahrnehmbar.

Obwohl auch manche Historiker behaupten, in der frühen BRD wären die NS-Verbrechen verschwiegen und dadurch fast vergessen worden, ist die These empirisch nicht haltbar. Weder bezüglich „der" Medien und Literatur noch bei Themen wie Westbindung, Wiederaufrüstung, Lastenausgleich, Integration der Flüchtlinge, Umgang mit den Kriegsverbrechern, Wiedergutmachung und Entschädigung an Israel und Diasporajuden, Ulmer Einsatzgruppenprozess, Tagebuch der Anne Frank – nie konnte man die vorangegangenen Urverbrechen ignorieren oder vergessen, selbst wenn man wollte. So geschah das Schein-Wunder der frühen BRD als antagonistische Kooperation von Anti- und Nichtnazis mit einstigen Tätern und Mitläufern, die, wie zuvor, ihr Mäntelchen nach dem Wind hängten. Das große Verschweigen: Zum eigenen Schutz wollten die Täter nicht über die Vergangenheit sprechen, die Opfer konnten es oft nicht. Sollten etwa die Opfer mit den NS-Tätern diskutieren und ihr Leben durch die damit verbundene Aufregung gefährden? Weises Schweigen als Selbstschutz. Konnten die Opfer vergessen? Unmöglich. Und wenn, wäre es eine Gnade.

Direkte Täter-Nachfahren wie Heinrich Himmlers Tochter Gudrun vergaßen nichts, wollten nichts vergessen – und verherrlichten die Verbrecher weiter. Bei ihr und ihresgleichen eine Kampagne „Gegen das Vergessen"? Absurd.

Im antiken Athen wurde scheinbar vergessen. Nicht wirklich. Nach der Terrorherrschaft der Dreißig 404/403 v. Chr. wurden durch die Amnestie (deutsch: Vergessen), wie beim Nürnberger Prozess nach der NS-Diktatur, die Hauptschuldigen verurteilt, die Übrigen mussten abgetrennt von den anderen Bürgern in Eleusis eine eigene Gemeinde bilden. Das war sozusagen ihr Kainszeichen. Dieses biblische Symbol zeigt den richtigen Weg an: Kain, der Brudermörder, ist als solcher erkennbar, das Verbrechen wird nicht vergessen, doch das Zeichen schützt ihn vor Rache durch Menschen. Ächtung der Verbrechensleugner, -verdränger und -verherrlicher? Ja. Humaner Ethik wegen kann und will man nicht vergessen. Rache nein, weil irgendwann mit Gegengewalt zu rechnen ist. Zugunsten des Inneren Friedens mehr Gnade des Verschweigens ohne Vergessen.

Neben der Kain-Symbolik der jüdischen Antike weist uns die athenische mit Aischylos´ „Orestie"-Trilogie den Weg in eine humane Zukunft: Umkehr durch Taten, ohne die vorangegangenen Verbrechen zu vergessen. Nach seinem Muttermord wurde Orest von den Rachegöttinen (Erinyen) verfolgt. Es kommt zum „Prozess", schließlich zur Abstimmung. Stimmengleichheit. Als Letzte legt Athene ihren Stein zugunsten von Orest in die Urne. Freispruch. Die Erinyen toben. Athene beschwichtigt sie. Die Rachegöttinen verwandeln sich in Wohlgesinnte (Eumeniden). Innerer Frieden – ohne Vergessen.

Zuerst erschienen am 25. Januar 2022 unter dem Titel *Das versteinerte deutsche Erinnerungsritual ist schwer erträglich* auf *WELTplus*.

V. Friedenslösungen

Als Friedenslösung schlechthin für den Konflikt zwischen Israel und den Palästinensern wird allgemein, national sowie international, die Gründung zweier Staaten gefordert. Das bedeutet nebeneinander 1) Israel in den Grenzen vor dem 6-Tage-Krieg von 1967 und 2) das Westjordanland plus der Gazastreifen als Staat „Palästina". Ich halte die Zweistaatenlösung eher für die Schaffung eines neuen Problems als für die Lösung. Ich versuche, meine Einwände durch Tatsachen zu belegen. „Nein" sagen ist leichter als ein weiterführendes „Ja" zu zeigen. Auch das sei versucht. Das Stichwort heißt „Föderalismus".

19. Israel – Palästina: Frieden durch Föderalismus

Wie soll es in Nahost weitergehen? Innerhalb Israels, zwischen Juden und den palästinensisch-arabischen Staatsbürgern sowie zwischen Israel und den Palästinensern? Die Zweistaatenlösung löst nichts, sie schafft neue Probleme. Alle bisherigen Realisierungsversuche scheiterten. Die künftigen werden ebenfalls misslingen. Nur zwei offensichtliche Gründe seien genannt.

Erstens: Im heutigen Israel leben ohne besetzte Gebiete rund 2 Millionen Palästinenser als Bürger des Jüdischen Staates. Das entspricht etwa 21 Prozent. Selbst bei der Gründung von „Palästina" möchten und werden sie in Israel bleiben. Allein schon wegen ihrer als Staatsbürger Israels erworbenen Versorgungsansprüche. Kein ernstzunehmender Politiker Israels denkt an eine Vertreibung bzw. „Ethnische Säuberung" dieser Bürger. Und wenn doch, war die Raketen-Intifada im Mai 2021 nur die Ouvertüre zum wechselseitigen jüdisch-arabischen Abschlachten.

Zweitens: Im palästinensischen Westjordanland plus Ostjerusalem leben – es gefalle oder nicht – rund 600.000 jüdische „Siedler". Das entspricht circa 22% der Westbank-Bewohner. Unausgesprochen enthält die Zweistaaten„lösung" als Ziel nicht nur die Räumung der Siedlungen, sondern auch die Umsiedlung der jüdischen Siedler. Diese werden das nicht hinnehmen. Um das vorherzusagen, muss man kein Prophet sein. Es würde in diesem – völlig unrealistischen – Falle zu einem Bürgerkrieg kommen: zwischen den Siedlern und ihren Anhängern im israelischen Kernland auf der einen Seite sowie den räumungsbereiten jüdischen Israelis im Kernland auf der anderen. Letztere möglicherweise gemeinsam mit dem neuen „Palästina". Vorstellbar, aber nicht machbar. Massenhaftes Blutvergießen zwischen Palästinensern und Juden im Westjordanland ebenso wie im Kernland Israels kann demnach nur verhindert werden, wenn die Siedler weiter im Westjordanland und in Ostjerusalem leben. Das wird vielen missfallen, ist aber der Preis für den Verzicht auf wechselseitiges Massenmorden. So viel in aller Kürze zur Zweistaaten„lösung".

Nach ihrem vielfachen Scheitern im Vorstadium sollte man endlich auf den Gedanken kommen, dass der jener Plan nicht zu verwirklichen sei. Irrtum. Die Zweistaaten„lösung" gilt weiter als Dogma. US-Präsident Biden hat das Ende Mai 2021 erneut bekräftigt. Deutschland und die EU plädieren seit Jahrzehnten für diese vorhersehbare Katastrophe – weil sie nicht vorhersehen, denken und wissen wollen oder können.

Was wäre eine, besser, DIE Alternative? Föderative Strukturen! Das sei erläutert. Axiom und Ziel jeder Lösung: Erstens haben beide Seiten das Recht, nach innen und außen friedlich zu leben bzw. zu überleben. Zweitens haben beide Seiten bzw. beide politischen Einheiten das Recht auf individuelle ebenso wie kollektive Selbstbestimmung. Überall und immer ist jede politische Einheit nur nach außen eine Einheit, nach innen jedoch vielfältig und vielschichtig. Untereinander kann es durchaus zu Anwendung von Gewalt in der oder gegen die eigene politische Einheit kommen. Siehe Hamas versus Fatah bei den Palästinensern oder religiöse Fanatiker wie der Mörder von Premier Rabin 1995 in Israel.

Dennoch: Individueller und kollektiver *Überlebens- und Selbstbestimmungswille* sind HISTORISCHE URKRÄFTE. Das heißt: Man kann sie zeitweilig, doch nie auf Dauer unterdrücken. Das ist einerseits realistisch und andererseits ethisch. Es zwingt letztlich alle Beteiligten jeder politischen Einheit intern und extern politische Lösungen zu suchen.

Nur zwei Möglichkeiten der Konfliktlösung sind denkbar und deshalb machbar. Möglichkeit 1: Kompromiss, Möglichkeit 2: Fortwährende Gewalt. Da Möglichkeit 2 bereits auf eigenem Gebiet für jede Seite riskant bis tödlich ist, gebieten Vernunft und der jedem Menschen angeborene Überlebenstrieb, Möglichkeit 1 anzustreben.

Unerlässliche Voraussetzung hierfür sind funktionierende, demokratisch bestimmte repräsentative Institutionen – Parlamente – als Instrumente der Selbstbestimmung. Parlamente sind die *Vergegenwärtig*ung (= Re-*präsent*ierung) der verschiedenen, überall und immer rivalisierenden Kräfte der Gesellschaft bzw. Spiegel der Gesellschaft.

Innerstaatliche Institutionen bewirken, dass die gesellschaftlichen Konflikte von der Straße ins Parlament nicht aufgelöst, jedoch verlagert werden. Entscheidend ist dabei: Das Wort ersetzt die Waffe. Vom Gedanken zur Tat, vom Denken zum Machen.

Bundesrepublik Israel

Weil in den geografisch-politisch Einheiten Israel und Westjordanland Juden und Araber jeweils territorial „durchmischt" wohnen, wird ihr Selbstbestimmungsrecht nicht territorial zugeordnet, sondern der Gruppe 1, Juden, und Gruppe 2, Araber. Also keine Territoriale, sondern gruppenbezogene Selbstbestimmung. „Personale Autonomie" sei sie genannt. Selbstbestimmung wird nicht dem Territorium, sondern den Menschen zugesprochen.

Israel bleibt, wie es ist – und doch nicht, denn: Unabhängig vom Wohnort im israelischen *Kernland* wählen Juden und Araber ihr je eigenes Parlament („Kammer") und dieses die je eigene Gruppen-Regierung. Sie ist für die jeweilige Binnenregulierung einschließlich der je eigenen Polizei zuständig. Auf diese Weise würden auch innerjüdisch die Interessen der Peripherie, jenseits der Metropolregionen gewichtiger. Daneben und darüber gibt es, wie bisher, die Knesset, das gesamtstaatlich israelische Parlament mit dem allgemeinen Wahlrecht für alle Bürger. Alle Juden und Araber Israels wählen dieses Parlament gleichberechtigt. Dieses bestimmt und kontrolliert die Bundesregierung. Der Jüdische Staat Israel wäre also eine Personale Föderation von Juden und Arabern. Araber, die diese Regelung nicht billigen, werden Staatsbürger von Palästina-Westjordanland, können weiter in Israel wohnen, aber nicht wählen. Sie wählen in Palästina, sind inländische Einwohner, nicht Staatsbürger. Für Einzelheiten verweise ich auf mein Buch „Zum Weltfrieden".

Palästina 1: Bundesland Palästina-Westjordanland

Palästina-Westjordanland wird erstes Bundesland der „Bundesrepublik Palästina". Es ist entmilitarisiert, verfügt aber über eine eigene Polizei. Die Palästinenser wählen ihr Parlament und dieses die Landesregierung. Die jüdischen Siedler kann keiner ohne Blutvergießen umsiedeln. Sie wählen ihre Vertreter für die jüdische Kammer Israel und beteiligen sich, wie bisher, an Knessetwahlen. Infrastruktur- und Entwicklungsmaßnahmen für die Siedlungen finanziert der Staat Israel. Sie bedürfen jedoch der Zustimmung der Regierung von Palästina-Westjordanland. Für die Sicherheit der Siedler sorgt die israelische Polizei.

Palästina 2: Bundesland Palästina-Gaza

Kein Jude siedelt im Gazastreifen. Dieser wird als „Palästina-Gaza" Bundesland 2 der „Bundesrepublik Palästina". Die üblichen Bundesland-Strukturen wären aufzubauen.

Palästina 3: Bundesland Palästina-Jordanien

Etwa zwei Drittel der Bürger des Königreichs Jordanien sind Palästinenser. Demografisch ist Jordanien seit jeher Palästina. Zwischen der Palästinenser-Mehrheit und den Nicht-Palästinensern, zu denen das Königshaus gehört, herrscht ein instabiler und jederzeit gefährdeter Status Quo. Um ihn zu stabilisieren, wird je eine Kammer für Palästinenser und Nicht-Palästinenser eingerichtet (Personale Autonomie). Darüber stehe das Nationalparlament, das aus allgemeinen Wahlen hervorgehe und die Regierung bestimme sowie kontrolliere. Wie bisher, verfüge Palästina-Jordanien über ein eigenes Militär.

Bundesrepublik Palästina

Palästina 1, 2 und 3 bilden die „Bundesrepublik Palästina", wählen das Bundesparlament und dieses die Bundesregierung, die den Staat nach außen vertritt und durch das eigene Militär nach außen schützt. Stationiert wird es auf dem Territorium von Palästina-Jordanien. Hauptstadt ist Ost-Jerusalem, wobei die Stadt ungeteilt bleibt. Regierungs- und Parlamentssitz der Bundesrepublik Palästina ist Amman. Das ermöglicht auch geografische Distanz zur Bundesrepublik Israel.

Staatenbund Israel-Palästina

Die beiden Bundesstaaten Israel und Palästina bilden einen Staatenbund „Israel-Palästina" als Wirtschafts-, Zoll-, Währungs- und Finanzunion. Der Ansatz entspricht dem der Europäischen Integration. Das bedeutet: Damit sich die einstigen und potentiellen Feinde nicht wieder ineinander verbeißen, werden sie mit- und ineinander verzahnt. Feindseligkeiten würden so für jede Seite zumindest ökonomischer Selbstmord. Frieden durch Föderalismus, eine Vernunft-, keine Liebesheirat. Allemal besser als Dauerkrieg. Es gibt zudem Vernunftehen, die zu Liebe führten. Utopie? Die bisherigen „Lösungen" führen in den Abgrund. Zeit zum Umdenken.

Zuerst erschienen am 14. Juni 2021 auf *WELTplus.*

20. Wie der Nahost-Konflikt enden wird

Deutsche Nahostpolitik ähnelt dem Topfschlagen bei Kindergeburtstagen. Man kommt mit verbundenen Augen voran – und manchmal trifft man. Meistens mit Nachhilfe der Umstehenden. Eine der Ursachen ist die meist einseitig proislamische, proarabische, und antizionistische und damit (unabhängig von der jeweiligen Koalition in Jerusalem) antiisraelische Wissenschaft und, daraus abgeleitet und nachsprechend, in Medien, Politik und Gesellschaft. Es ist wie bei allem auch bezogen auf Nahost: Wer entweder nur pro oder nur anti ist, erkennt nicht die Wirklichkeit, sondern verkennt sie und versteht sie deshalb nicht oder nur teilweise.

Das neueste Beispiel: Saudi-Arabien hat soeben verkündet, sein Botschafter im Königreich Jordanien werde fortan zugleich als Botschafter in „Palästina“ (sprich: bei der Palästinensischen Autonomiebehörde) sowie als Generalkonsul in (Ost-)Jerusalem fungieren. Botschaft und Residenz bleiben in Jordaniens Hauptstadt Amman.

Prompt wussten alle, und das ist durchaus richtig: Hier bahnt sich ein Dreiecks„deal“ zwischen Saudi-Arabien, den USA und Israel an. Das wirtschaftlich, politisch und militärisch schwache Jordanien darf – einmal mehr – als braver Statist mitwirken. Das würde der erste Schritt sein.

Der zweite: die Anerkennung Israels durch den Wirtschaftsgiganten Saudi-Arabien. Trotz der nahöstlichen Hitze herrschte bis jüngst Eiszeit im Verhältnis des ölreichen Wüstenstaates zu China und dem benachbarten schiitisch-islamischen Iran. Seit kurzen nun Tauwetter. Das wiederum beunruhigt globalpolitisch, -militärisch und -wirtschaftlich die USA, die wegen der unmenschlichen Menschenrechtspolitik der Saudis zu diesen auf Distanz gegangen waren. Die Saudis haben sich unter der Regie des Kronprinzen zwar von den USA nun emanzipiert, wissen aber genau, dass der Iran trotzdem eine tödliche regional- und innenpolitische Gefahr bleibt, China ist weit weg und Israel, der einzige zuverlässig proamerikanische Partner in Nahost, „um die Ecke". Netanjahu hin oder her, von Israels wissenschaftlicher Infrastruktur und Innovationskraft will Saudi-Arabien profitieren. Vor allem aber braucht es direkt vor der eigenen Haustür einen militärisch starken Partner für den Fall des Falles – einem Konflikt oder Krieg mit dem Iran. Bekannt und offensichtlich.

Weniger offensichtlich, doch eigentlich ebenfalls bekannt: Für das Los der Palästinenser hat sich die Arabische Welt im allgemeinen und Saudi-Arabien im Besonderen nie wirklich interessiert. Wenn, dann meisten nur mit Lippenbekenntnissen. Längst betrachtet man in der Arabischen Welt – anders als auf der politischen Bühne – hinter den Kulissen die Palästinenser als die eigentlichen Verhinderer einer friedlichen Lösung des Konfliktes mit Israel. „Bibi" hin und national- sowie orthodoxjüdische „Falken" her. Nicht Liebe zählt, sondern Interessen. Beidseits. Das ist Politik.

Die meisten übersehen: Der Dreiecks„deal" Saudi-Arabien, Israel, USA deutet eine ganz und gar altneue, aber diesmal demografisch, ökonomisch, politisch und historisch realistische Zweistaatenlösung an: Israel einerseits und ein Staatenbund Jordanien-Palästina andererseits. Die erwähnte Stellenbeschreibung des saudischen Botschafters für Jordanien und Palästina mit Sitz in Jordaniens Hauptstadt Amman. Das ist nicht nur eine kostensparende Lösung, sondern sehr wahrscheinlich die geplante politische Strategie.

Warum? Erstens, weil etwa siebzig Prozent der Staatsbürger Jordaniens seit jeher Palästinenser sind. Zweitens, weil auch deshalb zwischen den Bürgern Jordaniens und den Palästinensern im Westjordanland mehr als im Gazastreifen enge menschliche und sogar verwandtschaftliche Beziehungen bestehen. Drittens, weil Israel und Jordanien, nicht zuletzt der wirtschaftlichen Vernunft wegen, seit Jahrzehnten auf fast allen Gebieten ziemlich offen zusammenarbeiten. Viertens, weil 1924 das einstige Britisch-Palästina von der Britischen Mandats- bzw. Kolonialmacht geteilt wurde: in das westliche, mehrheitlich jüdische Territorium, das mehr oder weniger dem heutigen Israel entspricht, sowie in das östliche Doppel-Gebiet Westjordanland plus Ost- bzw. Transjordanien, heute Königreich Jordanien.

Das bedeutet: Palästina wird in einem Bundesstaat oder – der Kosmetik wegen – Staatenbund Jordanien-Palästina aufgehen. Genannt würde das – wohl entmilitarisierte – Westjordanland dann „Palästina". Dessen Struktur gliche dem eines deutschen Bundeslandes bzw. Schweizer Kantons. Jordanien bliebe dem Namen nach Jordanien – mit oder ohne die Königsdynastie der Haschemiten. Sitz der Zentralregierung wäre Amman. Das Militär des Staatenbundes würde mit dem heutigen jordanischen identisch sein, möglicherweise erweitert um Palästinenser aus dem Westjordanland.

Und die rund 700.000 jüdischen Siedler im Westjordanland? Anders als deutsche und EU-Politiker zumindest vorgaukeln, wissen sie, wie jedermann, und erst recht die Saudis: Die Siedler sind nicht mehr wegzubekommen. Ihre Militanz wird schwinden, weil Israel an der neuen Zweistaatenlösung ein vitales Interesse haben wird. Die Siedler werden dann entweder freiwillig ins israelische Kernland zurück oder sich damit zufriedengeben (müssen), Mit-Bewohner und nicht Herren des „Heiligen Judäa und Samaria" zu sein.

Und die Palästinenser im Gazastreifen? Sie dürften vier Wahlmöglichkeiten bekommen: Erstens die seit 2007 selbstverschuldete Hölle. Zweitens Selbstverwaltung im Rahmen einer engen Zusammenarbeit mit dem angrenzenden Ägypten. Drittens eine Freihandelszone, viertens „Bundesland Gaza" als Teil des Staatenbundes Jordanien-Palästina.

Der Regisseur der saudischen Politik, Kronprinz Mohammed, ist wahrlich kein Garant der Menschenrechte. Es wäre aber nicht das erste Mal in der Menschheits- und Literaturgeschichte, dass Mephisto der „böse Geist" wäre, „der stets das Böse will und doch das Gute schafft".

Zuerst erschienen am 17. August 2023 auf *WELTplus*.

21. Regelbruch? Israels Krieg gegen die Hamas

Irren ist nicht nur allgemein menschlich. Auch die beste Bildung schützt nicht vor Irrtümern. Die häufigsten Irrtümer unterlaufen denen, die aus den Erfahrungen und Fakten der Vergangenheit auf die Zukunft schließen und die Tatsachen von gestern in der Zukunft erwarten. Diese bittere Wahrheit gilt derzeit besonders bezüglich des Israel aufgezwungenen Krieges gegen die Hamas im Gazastreifen. Ob sie bezogen auf den wirklich vorzüglichen NZZ-Artikel (4. Dezember 2023) von Andreas Ernst *Wie Israel in die Falle der Hamas tappt* gilt, bleibt abzuwarten. Gleiches gilt freilich ebenfalls für meine Replik. Sie ist weniger Kritik als alternatives Nachdenken und alles andere als Polemik. Meine abschließende Erwartung für die Zukunft enthält nicht die Aussage: „So wird es sein“, sondern: „So wäre es sinnvoll, wenn man Frieden – auf der Basis von Selbstbestimmung – will.“

Anders als die üblich platten und ausschließlich emotionsgeladenen Darstellungen vergleicht die anspruchsvolle Analyse von Andreas Ernst die von Hamas und Israel angewandte Strategie mit der Theorie der Terrorforschung. Er stellt die Wirklichkeit der Wissenschaft die Praxis der Theorie gegenüber.

Hier wäre der erste Einspruch einzulegen. Dieser Waffengang betrifft nicht nur Terror und Terrorforschung. *Wie erleben eine Gewaltmixtur aus herkömmlichem und Guerillakrieg sowie Terror.* Die Hamas führt einen herkömmlichen (Raketen-)KRIEG. Sie nutzt zudem Terror, also Gewalt gegen das feindliche ZIVIL, sowie Guerilla, also Gewalt gegen das feindliche MILITÄR. Einen rein herkömmlichen Krieg würde Hamas binnen Stunden verlieren. Deshalb die Mischung der drei Gewaltarten.

„Terror ist nicht blinde Gewalt. Terror ist Gewalt in politischer Absicht“, schreibt Ernst. Eine vortreffliche Erweiterung und Aktualisierung des Clausewitz-Axioms über den Krieg. Für den preußischen Militärdenker und -reformer war Krieg analytisch – jenseits aller überall und immer normativ zu verurteilenden Grausamkeiten – bekanntlich Politik mit anderen Mitteln.

Das strategische Ziel der Hamas sei die Entzündung eines regionalen Flächenbrandes mit globalen Auswirkungen. Der eigentliche Stratege dieses Waffenganges ist jedoch nicht die Hamas, sondern der Iran. Dessen strategisches Ziel ist mit dem der Hamas identisch: Die Zerstörung Israels. Das ist leichter erhofft und gesagt als getan. Es ist, gottlob, völlig unrealistisch, denn im Fall der Fälle hat Israel mehr als eine Atombombe, die den Iran treffen würde. Noch verfügt Teheran nicht über das gleiche Potential.

Genau diese Tatsache zeigt die Fehlkalkulation der Hamas-Strategen. Anders als von der Hamas erhofft (und erwartet?) greift der Iran in diesen Waffengang nicht direkt ein. Er schickt seine Satelliten als Kanonenfutter vor. Besonders die Hamas. Sie wird auf die Weise vom Subjekt zum Objekt oder, genauer: sowohl zum Subjekt als auch zum Objekt, also zum strategischen Zwitter. Keine erfolgversprechende Rolle. Vorsichtiger agieren die schiitisch-libanesische Hisbollah sowie das syrische Regime des alawitisch-(„schiitischen“) Diktators Assad. Draufgängerischer, aber – bislang – ebenfalls verhalten sich die schiitischen Huthi-Rebellen. Deren Raketeneinsatz ist zwar für Israel alles andere als erfreulich, doch militärisch handhab- und begrenzbar. Global bedeutsamer ist die Tatsache, dass die Huthis die weltwirtschaftlich so lebenswichtige Schifffahrt im Roten Meer noch mehr behindern könnten.

Die Schlüsselfrage lautet: Was will der Iran? Die Antwort: Der Iran möchte Zeit gewinnen, um die Nuklearisierung seines Militärs zu vollenden. Dann bestände zwischen Israel und dem Iran ein nukleares Gleichgewicht, wobei der Einsatz von Atombomben zum garantierten, wechselseitigen, kollektiven Mord und vor allem Selbstmord führte. Ergo: unwahrscheinlich. Wahrscheinlich aber: Das dann noch massivere konventionelle Wettrüsten würde Israel demografisch und ökonomisch und dadurch letztlich seine Existenz verlieren. So gesehen, macht sich die Hamas mit ihrer Strategie zum Nützlichen Idioten des Iran. Jenseits des militärischen und politischen Aspekts ist die selbstverschuldete innerislamisch-theologische Unterwerfung von Sunniten (Hamas) gegenüber den traditionell unterlegenen Schiiten alles andere als historisch unbedeutsam.

Den arabisch-sunnitischen Staaten gegenüber geht die Hamas-Strategie ebenfalls nicht auf. Dort demonstrieren zwar Hunderttausende gegen Israel. Selbst in Marokko, das diplomatische Beziehungen zu Israel unterhält (und pflegt!). Saudi-Arabien hat eine große Polit-Schau inszeniert, auf der heftig, deftig Israel verflucht wurde. Doch nicht nur hinter den Kulissen wird munter mit Israel kooperiert. Aus verständlichen (!) nationalen Interessen. Saudi-Arabiens Luftwaffe hat auf Israel gerichtete Huthi-Raketen abgefangen, und die Beziehung mit Israel wird still und leise weiter normalisiert. Jordaniens Verbalattacken auf Israel sind heiße Luft, weil das Königreich von Wasser- und Elektrizitätslieferungen aus Israel abhängig ist. Ergo: Wieder einmal bluten die Palästinenser allein. Das bedeutet: Ihre Strategie war falsch. Gewalt wurde, wie so oft in der mehr als hundertjährigen Geschichte der Palästinenser, nicht als Mittel der Politik eingesetzt, sondern als Wut-und-Rache-Instrument. Wut und Rache ersetzen aber keine Politik.

Bliebe dieser positive Effekt der Hamas-Strategie. Ausgelöst durch die Schreckensbilder israelischer Zerstörungen und palästinensischen Leids würde das „Weltgewissen“ gegen Israel mobilisiert. Stimmt. Ob es einem gefällt oder nicht, ob das „Weltgewissen“ wirklich Gewissen, also Ethik, oder Antisemitismus ist. Darüber kann und muss man streiten. Aber wie viele Divisionen hat das Weltgewissen? Gewichtiger ist das US-Gewissen. Doch anders als oft wiederholt: Im Fall der Fälle handelt keine israelische Regierung als Marionette Washingtons. US-Druck ist zudem deshalb begrenzt, weil Israel in der weltwirtschaftlich so bedeutsamen Nahost-Region der einzig dauerhaft zuverlässige Partner der Amerikaner ist und ´zig Flugzeugträger und Militärstützpunkte ersetzt.

Zu Israels Strategie: Hier ist Andreas Ernst wieder zuzustimmen: Die Hamas sei nicht nur eine Terrororganisation, sondern im Gazastreifen zugleich Ordnungsmacht. Ordnung ist eine Funktion, und Funktionen sind ersetzbar. Erst recht, wenn Ordnung im Gazastreifen für Israels Bevölkerung ständigen Raketenbeschuss bedeutete. Regionale Ordnung herrscht nur, wenn alle Akteure die Ordnung „in Ordnung" finden.

Israel treibe die Palästinenser in die Arme der Hamas, schreibt Andreas Ernst. Einen „regime change" im Gazastreifen hält er für unmöglich und hat geschichtliche Empirie auf seiner Seite, wenn man bedenkt, dass die Luft-Bombardierung deutscher Städte im Zweiten Weltkrieg – die britische Strategie von „Bomber Harris" – „die" Deutschen nicht gegen, sondern eher „in die Arme" der Hitler-Bande führte. Doch ihre (Gott sei Dank) folgende totale Niederlage konnte diese nun außenbedingte Kumpanei nicht verhindern.

Warum soll dem konventionell hegemonialen Israel zudem nicht gelingen, was den Alliierten gegen Hitler-Deutschland gelang? Erst totaler „Zusammenbruch", bedingungslose Kapitulation, dann – im deutschen Westen – sanfte Befriedung durch ökonomische Befriedigung, gefolgt von Umerziehung, basierend auf der normativen Kraft der faktischen Siegermacht, dann funktionierende und später sogar total verinnerlichte Demokratie. Daraus folgt nüchtern und vielen ernüchternd: Erst kommt die Macht, dann die Moral. Gewiss, Palästina ist nicht Deutschland, aber soll das heißen: „Palästinenser sind andere Menschen als Deutsche"? Kann „der" Palästinenser, anders als „der" Deutsche, nicht erkennen, dass Koexistenz und Wohlstand lebenswerter als Mord und Selbstmord sind?

Weshalb sollten „die“ Palästinenser nicht, wie zuvor die „deutschen Volksgenossen“, erkennen, dass sie lediglich Kanonenfutter ihres Führers bzw. ihrer Führungsclique waren? Letztlich ist genau dies das Schicksal des eigenen Zivils in „Totalen Kriegen“. Einen solchen wollten die kriegstrunkenen Sportpalast-Deutschen am 18. Februar 1943, als Volksverführer Goebbels sie fragte, ob sie einen solchen wollten, und sie dies rauschhaft brüllend bejahten. Der Katzenjammer kam spätestens am 8. Mai 1945.

Wie im klassischen Guerillakrieg, agiert die Hamas aus dem eigenen Zivil heraus. In und aus Krankenhäusern, Kindergärten, Schulen (mit aktiver Unterstützung der UNRWA), Moscheen. Die Opfer des eigenen Zivils sind dabei programmiert und somit erwünscht, um den Feind zu verunsichern und die Außenwelt zu Solidarität zu mobilisieren. Sollten „die“ Palästinenser nicht doch erkennen, dass und wie sehr sie missbraucht werden? „Nur die dümmsten Kälber wählen ihren Metzger selber.“ Dass „die“ Palästinenser alles andere als dumm sind, hat nicht erst ihr teuflisch erfolgreich geplanter und durchgeführter Massenterror vom 7. Oktober 2023 bewiesen. Krieg, Guerilla, Terror beherrschen sie nahezu perfekt. Sie missachten dabei jedoch, dass jede sinnvoll eingesetzte Gewalt nicht Strategie oder gar Selbstzweck ist, sondern Mittel zum Zweck eines erreichbaren politischen Zieles. Jedes gesunde Individuum und Kollektiv will überleben. Deshalb wird Israels jetzige Strategie – die längerfristige militärische (!) Zerschlagung der Hamas – „die“ Palästinenser eben nicht in die Arme der Hamas treiben. Vorsichtiger formuliert: Wenn sie und die „Internationale Gemeinschaft“ sich am ermutigenden bundesdeutschen Modell orientieren.

Natürlich wird es auch nach einem totalen Hamas-Zusammenbruch im Gazastreifen, wie nach 1945 in Deutschland, viele überzeugte alte Kämpfer, Täter und Mitläufer geben. Weil jedoch entwaffnet und daher machtlos, werden sie sich, zumindest nach außen, anpassen müssen. Wie einst „die“ Deutschen. Auch sie wurden nicht über Nacht, wie heute, Mustermoralisten und Musterdemokraten. Moral und Demokratie waren auch in (West-)Deutschland zunächst nur eine Funktion der Machtverhältnisse, im Klartext: Opportunismus. Nazismus war nicht mehr opportun. So wenig wie Widerstand bis zum 8. Mai 1945. Sollte der palästinensische Mensch anders „gestrickt" sein als der deutsche? Es gibt Rahmenbedingungen, die unabhängig von der Individualität dem Kollektiv eben Bedingungen stellt, wenn man Über- und gar Wohlleben will.

Die beste Terrorprävention sei, so Andreas Ernst überzeugend, eine Politik, die auf Ausgleich und Kompromisse setzt. Eben nicht auf Wut, blinden Terror und Gewalt als selbstverschuldeten kollektiven Selbstmord – als Reaktion auf den eigenen Massenmord.

Was tun? Nach der Entmilitarisierung des Gazastreifens mittelfristig eine gemischte Besatzung, bestehend aus israelischen, arabischen, amerikanischen und europäischen Soldaten sowie eine internationale Verwaltung. Die Palästinensische Autonomie konnte nicht einmal Jenin und andere Städte der West Bank steuern. Wie könnte sie ausgerechnet Gaza? Am besten: die Verwaltung eines entmilitarisierten Palästina-Kantons „Gaza" durch jordanische Staatsbürger palästinensischer Herkunft. Das sind rund 80% aller Jordanier. Das bedeutet: Demografisch und historisch IST Jordanien Palästina. Das Westjordanland ebenso. Entmilitarisiert sollte der Kanton Palästina-Westjordanland ebenfalls von palästinensischen Jordaniern verwaltet werden. Diese beiden Kantone könnten mit dem nach innen und außen souveränen Königreich Jordanien zum „Bundesstaat Palästina-Jordanien" fusionieren. Unrealistisch? Realistisch ist die Realität, und die ist mörderisch.

Zuerst erschienen am 9. Dezember 2023 unter dem Titel *Ein Sieg zur Einkehr der Vernunft – Israels Krieg muss und kann die Verhältnisse in Gaza grundlegend verändern* in der *Neuen Zürcher Zeitung*.

22. Glück im schrecklichsten Unglück

Ich lebe in Deutschland. Geboren bin ich 1947 in Israel, das damals noch Britisch-Palästina hieß. *Nach* Hitler. Meine Mutter heißt Thea, mein Vater hieß Max. Meine Eltern sind in Deutschland geboren. *Vor* Hitler. Sie mussten aus Deutschland fliehen, um ihr Leben zu retten. *Wegen* Hitler. Sie lebten lange in Israel. Das ist der Jüdische Staat. Man kann auch sagen „der Staat der Juden". Dort verbrachte ich meine ersten Lebensjahre.

Wir alle sprechen fließend Deutsch. Anders als ihr nenne ich meine Mutter aber nicht „Mama" oder „Mutti", sondern „Ima". Mein Vater ist nicht der „Papa" oder „Vati", sondern „Aba". Aba und Ima, das ist Hebräisch. Hebräisch spricht man Israel. Dort verbrachte ich die ersten sieben Jahre meiner Kindheit, bevor wir 1954 nach Berlin – genauer: nach West-Berlin – zogen. Einer meiner Großväter war Opa Karl, den anderen nannte ich nur „Opa". Das war, um genau zu sein, Opa Justus, der Vater meiner Ima Thea. Die Mutter meiner Ima war ganz einfach meine „Oma". Sie hieß Gretl. Die Mutter meines Aba nannte ich „Sabta Recha". Sabta heißt auf Hebräisch „Großmutter".

Man sieht schon: Wir sprechen zu Hause ein seltsames Sprachgemisch aus Deutsch und Hebräisch. Das hat eine Geschichte, und diese Geschichte will ich euch anhand der Geschichten meiner Familie erzählen. Sie fanden in Deutschland, Israel (bis 1948 Britisch-Palästina) und dann wieder in Deutschland statt.

Meine Erzählung dauert länger als eine Schulstunde, ein Fernsehfilm oder ein Fußballspiel, aber, keine Angst, meine Geschichte ist kürzer als das lange Leben meiner Ima oder meines Aba. Ima ist 98, Aba wurde 80, und jetzt, während ich das schreibe, bin ich 73 Jahre alt.

Es waren 73 wunderbare Jahre, sowohl in Deutschland als auch in Israel. Opa Karl und Sabta Recha, Opa Justus und Oma Gretl, Aba Max und Ima Thea haben ihr jeweils langes Leben ebenfalls in Deutschland und Israel verbracht. Für sie waren es aber keineswegs nur wunderbare Jahre, denn als sie jung waren, wurden sie in Deutschland von dem damaligen „Führer" Adolf Hitler und seiner Nationalsozialistischen Partei verfolgt. Und trotzdem hatten sie Glück, denn anders als sechs Millionen andere Juden überlebten sie. Sie hatten also Glück im Unglück. Deshalb sagt Ima von sich selbst: „Ich war ein Glückskind." Trotz Hitler. Ich bin erst recht ein Glückskind, denn ich habe kein einziges Unglück erlebt und anders als die meisten Juden meines Alters kannte ich alle vier Großeltern. Ich bin daher ein doppeltes Glückskind – trotz und nach Hitler.

Meine Erzählung ist zwar vergleichsweise lang, sie kreist aber vor allem um zwei kurze Wörter, um zwei Namen. Einen Gruppennamen und einen Personennamen. Name eins: *Juden*. Name Nummer zwei: *Hitler*.

Wer war dieser Hitler?

Nun, Adolf Hitler war der Chef einer Partei, die sich „Nationalsozialisten" nannte. Hitler und seine Leute, die auch „Nazis" genannt wurden, wollten, dass in Deutschland keine Juden mehr lebten.

Im Jahre 1933 war Thea noch lange nicht meine Ima. Das wurde sie erst 14 Jahre später. Damals war sie ein Mädchen von zehn Jahren, und da sie ein jüdisches Mädchen war, hatte sie eine große Angst. Diese Angst hatte zwei Namen, einen Vornamen und einen Nachnamen: Adolf Hitler, genannt „Der Führer". Er war gerade Reichskanzler geworden und war jetzt der mächtigste Mann in Deutschland.

„Führer, Führer, Führer!", brüllten Millionen Deutscher begeistert und bekamen Kulleraugen, wenn sie ihn sahen oder hörten. Dabei brüllte er eigentlich nur ins Mikrofon und fuchtelte mit den Armen in der Luft, wenn er sprach.

Habt ihr mal ein Video von Adolf Hitler gesehen? Dann werdet ihr mir recht geben: Sprechen konnte man das eigentlich nicht nennen. Es hörte sich ungefähr so an: „A-icken, ocken, acken, zacken, macken, Juden, die Juden sind unser Unglück, Juda verrecke, Deutschland, Deutschland, Deutschland, Sieg, Sieg, Sieg, heil, heil, heil." Diesem Granatenblödsinn jubelten Deutsche massenhaft zu und brüllten ihrerseits: „Heil, heil, heil, Heil Hitler, mein Führer." Heil war allerdings gar nix, nachdem Hitler an die Macht gekommen war.

Von einer unheilbaren Krankheit schienen damals die meisten Deutschen befallen zu sein. Hitler begann 1939 einen Riesenkrieg, einen Krieg, der fast überall auf der Welt tobte. Es war der Zweite Weltkrieg. An dessen Ende, 1945, war die Erde verbrannt, Dörfer und Städte zerstört, unendliche viele Juden, viele Deutsche und noch mehr Nichtdeutsche waren tot. Nun brüllte niemand mehr in Deutschland „Sieg Heil, mein Führer!" Der Führer hatte die Welt, die Juden und auch die Deutschen in die Katastrophe geführt. Und deshalb sagen wir heute „Nie wieder! Nie wieder Hitler! Nie wieder Nazis!"

Hier sind meine Geschichten von Thea, meiner Familie, meiner Kindheit, den Juden, Hitler und anderen Nazis.

Obwohl es in diesen Geschichten auch um schlimme Dinge geht, sind sie lustig und traurig, erfreulich *und* unerfreulich. Wie das richtige Leben. Wie das richtige Leben meiner Familie, meines eigenen Lebens, aller Menschen, überall und immer. Mal Sonnenschein, mal Regen.

Auszug aus Michael Wolffsohn: *Wir waren Glückskinder trotz allem. Eine deutschjüdische Familiengeschichte*, München: dtv 2021, Vorwort S. 9–13.

VI. Ausblick

Wir Juden beklagen zu Recht seit Jahrtausenden den uns entgegenkommenden Judenhass. Jüdischer Hass gegen Christen oder Muslime ist ebenso verwerflich. Auch er kommt leider vor – freilich nicht so oft, nicht so prominent und vor allem nicht so tödlich. Dennoch müssen wir ihn zurückweisen: Nein, nein und nochmals nein zum Hass gegen Andersgläubige, egal aus welcher Richtung! Nur so kann friedliches Zusammenleben gelingen – und diese Hoffnung dürfen wir nicht verlieren.

Spucker haben die Tora nicht verstanden

Auch orthodoxen Juden muss man manchmal jüdischen Nachhilfeunterricht erteilen. Besonders in Jerusalem halten sich orthodoxe Aktivisten für vorbildlich jüdisch, wenn sie Christen oder Muslime bespucken oder gar schlagen. Der deutsche Dormitio-Abt Nikodemus Schnabel wurde kürzlich einmal mehr von orthodoxen Jugendlichen auf offener Straße in Jerusalem bespuckt und vulgär-pornografisch verflucht. Mit Worten, die man weder in der Tora noch im Talmud findet, wohl aber beim vereinigten Pöbel aller Länder. Ausgerechnet orthodoxe Juden, die sich und alle Juden durch Geburt für „auserwählt" halten, denken und reden „wie alle Gojim", sprich: alle Völker. Sakrileg eins. Auserwähltheit à la carte. Missverstandenes Judentum.

Jene orthodoxen Juden vertiefen sich tagein, tagaus stundenlang in Tora, Talmud und Tradition, genießen staatliche Zuschüsse, ohne dass sie arbeiten oder gar im israelischen Militär, wie alle anderen Israelis, dienen und ihr Leben riskieren. Doch Elementar-Jüdisches gehört offenbar nicht in ihren Lehrplan. Vielleicht haben sie ausgerechnet dieses so fundamentalen Tora-Gebot aus Leviticus 19,18 vergessen (wollen): „Liebe deinen Nächsten wie dich selbst." Nun gut, sagen manche, damit wären nur die jüdischen Nächsten gemeint. Irrtum und damit Sakrileg zwei, denn in Leviticus 19,34 heißt es: „Der Fremde, der sich bei euch aufhält, soll euch wie ein Einheimischer gelten und du sollst ihn lieben wie dich selbst; denn ihr seid selbst Fremde in Ägypten gewesen. Ich bin der Herr, euer Gott."

Wir Juden beklagen uns zurecht seit Jahrtausenden über Judenhass. Jüdischer Hass gegen Christen oder Muslimenhass ist ebenso verwerflich. Da sich jener orthodoxjüdische Pöbel sogar in der „gojischen" (= nichtjüdischen) Pornosprache auskennt, sei ihm – baruch haschem = G'tt sei gesegnet – ein stubenreines deutsches Sprichwort empfohlen: „Was du nicht willst, das man dir tu', das füg' auch keinem andern zu."

Zuerst erschienen am 8. Februar 2024 in der *Jüdischen Allgemeinen*.

Im Judentum hat der Granatapfel – hebräisch Rimonim – eine wichtige Bedeutung. Man sagt, der Granatapfel habe 613 Kerne, also entsprechend der Zahl der Mitzwot, der religiösen Gebote. Granatäpfel werden traditionell zu Rosch Haschana, dem jüdischen Neujahrsfest, gereicht – zur Erinnerung an Gottes Versprechen, das Volk Israel vielköpfig und stark werden zu lassen.

Quellenverzeichnis

I. Judentum

"Die" Juden: Namen und Benennungen

Kapitel aus Michael Wolffsohn: *Eine andere Jüdische Weltgeschichte.* Freiburg im Breisgau: Herder 2022, S. 17-25.

Jüdisches Sein zwischen Diaspora und Zion

Der Beitrag erschien am 22. August 2022 anlässlich 125-Jahre-Jubiläum des ersten Zionistenkongresses in Basel auf der Internetplattform *Audiatur-Online* in gekürzter Form vgl. https://www.audiatur-online.ch/2022/08/22/danke-zionisten/, zuletzt aufgerufen am 29.1.2024

Was ist jüdisch?

Zuerst erschienen am 31. Januar 2019 in: *DIE ZEIT*, Nr. 6, S. 48, vgl. https://www.wolffsohn.de/cms/images/Snippets_pdf/zeit-was-ist-juedisch.pdf, zuletzt aufgerufen am 29.1.2024.

"... Du sollst dir kein Bildnis machen ...".

Kapitel aus Michael Wolffsohn: *Über den Abgrund der Geschichte hinweg. Deutsch-jüdische Blicke auf das 20. Jahrhundert.* München: Olzog 2012, S. 103-124

Die "Judenfrage" oder: Ist der Zionismus gescheitert?

Zuerst erschienen am 8. Januar 2024 unter dem Titel *Juden in Gefahr – Ist der Zionismus gescheitert?* auf *WELTplus*, vgl. https://www.welt.de/debatte/kommentare/plus249406822/Nach-den-Massakern-Juden-in-Gefahr-Ist-der-Zionismus-gescheitert.html, zuletzt aufgerufen am 29.1.2024.

II. Antisemitismus

Antisemitismus - Geschichte und Gedanken

Drucklegung vor Erscheinen im Magazin des Tagesanzeigers Zürich.

Jüdische Existenz - Wo und wie?

Dankesrede anlässlich der Verleihung des Israel-Jacobson-Preises, Berlin, 19. November 2023.

Die nützlichen Idioten der Antisemiten

Zuerst erschienen am 13. Januar 2021 unter dem Titel *BDS und ihre Sympathisanten: Die nützlichen Idioten der Antisemiten* in der *Neuen Zürcher Zeitung*, vgl. https://www.nzz.ch/meinung/bds-und-ihre-sympathisanten-die-nuetzlichen-idioten-der-antisemiten-ld.1595872?reduced=true, zuletzt aufgerufen am 29.1.2024.

Die antisemitischen Lügen der Fachidioten - es reicht!

Zuerst erschienen am 26. September 2022 in der *Berliner Zeitung* vgl. https://www.berliner-zeitung.de/kultur-vergnuegen/debatte/antisemtismus-israel-documenta-die-antisemitischen-luegen-der-fachidioten-es-reicht-li.268992.

Deutschlands Pseudo-Intifada

Zuerst erschienen am 19. Mai 2021 auf *WELTplus*, vgl. https://www.welt.de/debatte/kommentare/plus231239079/Pseudointifada-in-Deutschland-das-Problem-des-muslimischen-Antisemitismus.html, zuletzt aufgerufen am 29.1.2024.

III. Israel und Deutschland

Heiliges Land? Israel? Palästina?

Kapitel aus Michael Wolffsohn: *Wem gehört das Heilige Land? Die Wurzeln des Streits zwischen Juden und Arabern*. 20. Auflage. München: Piper Verlag 2023, S. 14-19.

Ohne Identität - Mit Zukunft?

Deutschlands Juden im Spannungsfeld von Diaspora und Israel
Auszug aus Michael Wolffsohn: *Ewige Schuld? 75 Jahre deutsch-jüdische-israelische Beziehungen*. München: LMV 2023, S. 278-288.

Die Wahrheit über Israel - und was in den Medien daraus gemacht wird

Zuerst erschienen am 1. Februar 2023 auf *WELTplus*, vgl. https://www.welt.de/debatte/kommentare/plus243542545/Nahostkonflikt-Die-Wahrheit-ueber-Israel-und-was-daraus-gemacht-wird.html, zuletzt aufgerufen am 29.1.2024.

Belohnung für Terror und Atomwaffen

Zuerst erschienen am 11. Oktober 2023 in der *Jüdischen Allgemeinen*, vgl. https://www.juedische-allgemeine.de/politik/belohnung-fuer-terror-und-atomwaffen/, zuletzt aufgerufen am 29.1.2024.

Deutschland gibt den Friedensstifter - doch hintenrum fliessen Terror-Millionen an die Hamas.

Zuerst erschienen am 18. Mai 2021 auf *FOCUS online*, vgl. https://www.focus.de/kultur/gesellschaft/gastbeitrag-von-michael-wolffsohn-staatsversagen-deutschland-foerdert-raum-fuer-antisemiten-und-finanziert-obendrein-hamas-terror_id_13300927.html, zuletzt aufgerufen am 29.1.2024.

IV. Erinnerungskultur

Vom Elend deutscher Erinnerungskultur

Zuerst erschienen am 28. November 2021 unter dem Titel *Die deutsche Erinnerungskultur liegt auch in der Verantwortung der Neudeutschen* in der *Welt am Sonntag*, vgl. https://www.welt.de/debatte/kommentare/plus235372192/Michael-Wolffsohn-ueber-den-Holocaust-Das-Elend-der-Erinnerungskultur.html, zuletzt aufgerufen am 29.1.2024.

Zu Deutsch? Gedenken und Trauern in Deutschland

Zuerst erschienen am 27. Januar 2023 unter dem Titel *Hinweg mit der deutschen Erinnerungskultur* in der *Frankfurter Allgemeinen Zeitung*, vgl. https://www.faz.net/aktuell/politik/inland/holocaust-gedenken-hinweg-mit-der-deutschen-erinnerungskultur-18492150.html, zuletzt aufgerufen am 29.1.2024.

Gnadenvolles Verschweigen oder "Gegen das Vergessen"

Zuerst erschienen am 25. Januar 2022 unter dem Titel *Das versteinerte deutsche Erinnerungsritual ist schwer erträglich* auf *WELTplus*, vgl. https://www.welt.de/debatte/kommentare/plus236457073/Holocaust-Gedenken-Das-versteinerte-deutsche-Erinnerungsritual-ist-schwer-ertraeglich.html, zuletzt aufgerufen am 29.1.2024.

V. Friedenslösungen

Israel - Palästina: Frieden durch Föderalismus

Zuerst erschienen am 14. Juni 2021 auf *WELTplus* (online nicht mehr verfügbar).

Wie der Nahost-Konflikt enden wird

Zuerst erschienen am 17. August 2023 auf *WELTplus*, vgl. https://www.welt.de/debatte/plus246943876/Saudi-Arabien-Israel-und-die-USA-arbeiten-an-einem-Dreiecks-Deal-So-wird-der-Nahost-Konflikt-enden.html, zuletzt aufgerufen am 29.1.2024..

Regelbruch? Israels Krieg gegen die Hamas

Zuerst erschienen am 9. Dezember 2023 unter dem Titel *Ein Sieg zur Einkehr der Vernunft – Israels Krieg muss und kann die Verhältnisse in Gaza grundlegend verändern* in der *Neuen Zürcher Zeitung*, vgl. https://www.nzz.ch/meinung/gaza-ein-israelischer-sieg-boete-eine-chance-fuer-die-einkehr-der-vernunft-ld.1769157, zuletzt aufgerufen am 29.1.2024.

Glück im schrecklichsten Unglück

Auszug aus Michael Wolffsohn: *Wir waren Glückskinder – trotz allem. Eine deutschjüdische Familiengeschichte.* München: dtv 2021, Vorwort S. 9-13.

VI. Ausblick

Spucker haben die Tora nicht verstanden

Zuerst erschienen am 8. Februar 2024 in der *Jüdischen Allgemeinen*, vgl. https://www.juedische-allgemeine.de/meinung/spucker-haben-die-tora-nicht-verstanden/?q=Abt%20Nikodemus, zuletzt aufgerufen am 8.2.2024.

Wir danken den Zeitungen und Verlagen für die Kooperation. Falls es trotz intensiver Bemühungen nicht gelungen sein sollte, alle Quellen ausfindig zu machen, bitten wir auch im Namen des Autors um Verständnis.

Impressum

„Hallo, ich bin Jude!"
Eine aktuelle Textsammlung zu kontroversen jüdisch-israelischen Themen
von Michael Wolffsohn

Herausgegeben für die
Deutsche Akademie für Kinder- und Jugendliteratur e. V.
in Kooperation mit dem Sankt Michaelsbund
Reihenverantwortliche: Dr. Claudia Maria Pecher
Redaktion: Prof.'in Dr. Gabriele von Glasenapp, Maximilian Mihatsch
Bildnachweis: Adobe Stock: Cover, 1, 5, 9, 11, 53, 89, 119, 139, 161, 163

Abdruck der Texte mit Einverständnis des Autors und freundlicher Genehmigung der Verlage. Falls es trotz intensiver Bemühungen nicht gelungen sein sollte, alle Quellen ausfindig zu machen, bitten wir auch im Namen des Autors um Verständnis. Wir danken den Zeitungen und Verlagen für die Kooperation.

1. Auflage 2024

Erschienen im Verlag Sankt Michaelsbund, München
www.michaelsbund.de

Layout und Satz:
Christine Paxmann text • konzept • graphik, München
Covergestaltung: Christine Paxmann
Druck und Bindung: Flyeralarm

IBSN: 978-3-96411-010-7